Theodor Krabbes

Die Frau im altfranzösischen Karls-Epos

Theodor Krabbes

Die Frau im altfranzösischen Karls-Epos

ISBN/EAN: 9783743460119

Hergestellt in Europa, USA, Kanada, Australien, Japan

Cover: Foto ©ninafisch / pixelio.de

Manufactured and distributed by brebook publishing software (www.brebook.com)

Theodor Krabbes

Die Frau im altfranzösischen Karls-Epos

AUSGABEN UND ABHANDLUNGEN
AUS DEM GEBIETE DER
ROMANISCHEN PHILOLOGIE.
VERÖFFENTLICHT VON E. STENGEL.

XVIII.

DIE FRAU
IM
ALTFRANZOESISCEN KARLS-EPOS.

VON

THEODOR KRABBES.

MARBURG.
N. G. ELWERT'SCHE VERLAGSBUCHHANDLUNG.
1884.

Ausgaben und Abhandlungen
aus dem Gebiete der Romanischen Philologie,
veröffentlicht von Edmund Stengel.

Diese Sammlung wird in der Hauptsache Arbeiten des Herausgebers und seiner Schüler bringen. Sie verdankt ihre Entstehung wiederholten Anregungen und Aufforderungen befreundeter Fachgenossen und soll besonders die einzelnen Abhandlungen vor Zerstreuung bewahren, zugleich aber auch leichter zugänglich machen und in weitere Kreise verbreiten. In der Regel wird jede Arbeit ein selbständiges Heft bilden und auch einzeln käuflich sein.

Früher erschienen:

I. La cançun de saint Alexis und einige kleinere altfranzösische Gedichte des 11. und 12. Jahrhunderts unter Beigabe des kritischen Apparates von neuem getreu nach den Hss. veröffentlicht von E. Stengel. Beigefügt ist ein vollständiges Wortverzeichniss der hier und in Nr. XI. enthaltenen Texte. M. 8. —

II. El Cantare di Fierabraccia et Ulivieri. Italienische Bearbeitung der Chanson de Geste Fierabras. Herausgegeben von E. Stengel. Vorausgeschickt ist eine Abhandlung von C. Buhlmann: Die Gestaltung der Chanson de Geste Fierabras im Italienischen. M. 6. —

III. Beiträge zur Kritik der französischen Karlsepen von H. Perschmann, W. Reimann, A. Rhode mit Vorwort von E. Stengel. — Inhalt: 1) Die Stellung von O in der Ueberlieferung des altfr. Rolandsliedes von H. Perschmann. 2) Die Chanson de Gaydon, ihre Quellen und die angevinische Thierry-Gaydon-Sage von W. Reimann. — 3) Ueber die Beziehungen zwischen den Chansons de geste von Hervis de Mes und Garin le Loherain von A. Rhode. M. 5. —

IV. Inhalt: 1) Die Chanson des Saxons Johann Bodels in ihrem Verhältnisse zum Rolandsliede und zur Karlamagnussaga von Heinrich Meyer. 2) Die culturgeschichtlichen Momente des provenzalischen Romans Flamenca von F. W. Hermanni. 3) Das Handschriftenverhältniss des Siege de Barbastre von A. Gundlach. 4) Ueber die Handschriften der Chanson de Horn von R. Brede. M. 6. —

AUSGABEN UND ABHANDLUNGEN

AUS DEM GEBIETE DER

ROMANISCHEN PHILOLOGIE.

VERÖFFENTLICHT VON E. STENGEL.

XVIII.

DIE FRAU

IM

ALTFRANZOESISCEN KARLS-EPOS

VON

THEODOR KRABBES.

MARBURG.
N. G. ELWERT'SCHE VERLAGSBUCHHANDLUNG.
1884.

Herrn

Professor Dr. Edmund Stengel

in dankbarer Verehrung

gewidmet

vom Verfasser.

Einleitung.

Die nachstehende Arbeit verdankt ihre Entstehung der Anregung des Herrn Professor Stengel. Vorgelegen haben mir das ausgezeichnete Buch von Weinhold: »Die deutschen Frauen in dem Mittelalter« 2. Aufl.; ferner: von Alwin Schulz: »Das höfische Leben zur Zeit der Minnesinger« und ein neuerdings in der Revue des questions historiques erschienener Aufsatz von Léon Gautier: »L'enfance d'un baron.«

Endlich wurde ich, kurz bevor ich meine Arbeit dem Drucke übergab, durch das eben erschienene Buch von Kristoffer Nyrop: »Den Oldfranske Heltedigtning, Kopenh. 83.«, welches eine ausführliche Bibliographie des altfranzösischen Epos bringt, auf einen in der Nouvelle Revue 1882 erschienenen Aufsatz aufmerksam gemacht: »La femme dans la chanson de geste«, den ich mir nicht ohne Schwierigkeit verschaffte. Der Verfasser, Loliée, ist auch in dem alten Irrthum befangen, die Angaben der Chansons de Geste ohne weiteres für historische Zeugnisse anzusehen und noch dazu ausschliesslich als Zeugnisse für die Zeit der Helden, welche jene Gedichte schildern, statt für die Zeit der Dichter, von denen sie herrühren, was ja allerdings auch nur theilweise zutreffen würde. Er will nur ein neues Capitel zur Geschichte der Liebe hinzufügen, das der »Epoche der rauhen Barone Karls, welche der der höfischen Ritter von der Tafelrunde vorausging,« und scheint ausserdem mehr eine allgemeine Schilderung des Gegenstandes als eine Untersuchung beabsichtigt zu haben.

Er hat weit weniger Gedichte verwerthet als ich und auch sie nicht in den Texten selbst gelesen, sondern fast lediglich Paris' Analysen in der Histoire Littéraire ausgezogen, was seine Citate unzweifelhaft ergeben. Statt auf die gedruckten Texte verweist er nämlich auf die Hss. aber mit der älteren Bezeichnung, wie sie sich in der Histoire Littéraire findet (nebenbei ungenau Nouv. Rev. p. 394: Aye d'Av. m. 7989, statt Hist. Littér: Aye d'Av. m. 7989[4]. Kleine Abweichungen, welche sich Paris in seinen Belegestellen vom Urtexte gestattet, hat er beibehalten und nur noch durch weitere vermehrt. Bei stellenweise wörtlicher Wiedergabe seiner Vorlage (Nouv. Rev. p. 390. »Cette situation« etc.) ist er durch Auslassungen derselben bei flüchtigem Lesen auch zu unrichtigen Schlüssen gekommen, so bei der Beurtheilung des Amile (Nouv. Rev. p. 391: »Il reste pure, il ne commet pas le péché«), wie ein Vergleich mit dem Text von K. Hofmann v. 686 ff. beweist.

Andere Ungenauigkeiten und Irrthümer anzuführen erscheint überflüssig. Für meine Arbeit konnte ich aus Loliées Artikel keinen Nutzen ziehen.

Ein Ueberblick über meine Materialsammlung brachte mich bald zu der Ansicht, dass eine ganz objective Darstellung die beste sein würde. Die spätere Durchsicht des Weinholdschen Werkes hat mir zu meiner Freude gezeigt, dass ich selbstständig zu beinahe derselben Anordnung des Stoffes gekommen war wie er. Gewisse Abschnitte mussten für mich natürlich von selbst fortfallen, wie denn zum Beispiel ein mythologisches Element in der französischen Epik überhaupt nicht vorhanden ist. Als eine bescheidene Ergänzung des gedachten Werkes darf meine Abhandlung vielleicht insofern gelten, als Weinhold das romanische Gebiet so gut wie garnicht in Betracht zieht, auch nicht vergleichsweise.

Weit mehr aus demselben bringt Alwin Schulz, aber sein Beweismaterial ist aus zu heterogenen Quellen geschöpft, als dass es eine einheitliche Anschauung gewähren könnte. Mir lag daran, aus einer einzigen Dichtungsart, dem Epos, das Bild der Frau herauszuheben und darzustellen.

Der Aufsatz von Léon Gautier endlich behandelt zwar ausschliesslich romanischen Stoff, trägt aber da, wo er in mein Gebiet hinübergreift, eine entschieden subjective Färbung, und der Verfasser scheint zu leicht geneigt, sich aus einem Einzelfall sein Urtheil zu bilden und danach ein Gesammtbild zu geben. War es im Gegensatz hierzu meine Absicht, die eigentliche Untersuchung rein objectiv zu halten, so sei es mir gestattet, hier in der Einleitung noch einige aus dem Stoff gewonnene generelle Züge anzuführen, die in der Arbeit selbst ihrer Anlage nach nicht zum Ausdruck kommen können.

In den ältesten Epen der französischen Karlssage tritt die Frau nur vorübergehend auf und gewinnt kaum einen Einfluss auf die Handlung. So stehen die Frauengestalten des Rolandsliedes in so loser Beziehung zum Ganzen, dass man sie fast für einen der ursprünglichen Version späterhin eingefügten Zusatz halten möchte. In der Folge dagegen nimmt die Bedeutsamkeit der Frauenfigur stetig zu. Dafür spricht auch die Wahl der Frauennamen, die anfänglich ohne jede innere Beziehung, später immer mit einer solchen begegnen und dann namentlich die sinnliche Schönheit betreffen [1]. Die Benennung der ältesten Frauenbilder ist ferner vielfach deutscher Herkunft [2]: so ist auch der ursprüngliche Charakter des Weibes, wie es in den Epen gezeichnet wird, der altgermanische, und seine Sittenreinheit bleibt gewahrt. Späterhin aber geht sie verloren; bemerkenswerth ist dabei die Vorliebe, mit welcher in erster Linie immer Heidenfrauen, viel weniger gern Christinnen als sittlich schlecht gezeichnet werden. Zugleich verflüchtigen sich die germanischen

---

[1] Auberon v. 393/94: Au circoncire Brunehaut l'ont noumee, Car brune fu et velue et fumee.
[2] cf. Rol. v. 634 »Bramimunde.« ib. v. 1720 »Alde.« — Cov. Viv. v. 1106 »Guiborc.« — Bueves de C. v. 39 »Ermengars« — Berte a. gr. p. v 167 »Berte.« — Mort de Gar. v. 1802 »Audegons« — Jourd. de Bl. v. 263 »Erembors.« — Aiol v. 2744 »Raiborghe.« — Aiol v. 2690 »Hersent.« — Aub. in Tobl. Mitt. p. 175, 13 »Hermesent« —

Benennungen in das Romanische³). Die Frau tritt nun mehr und mehr aus den Grenzen der Weiblichkeit heraus: sie wirbt um Liebe, kämpft selbst dafür, opfert Alles ihrer Leidenschaft. Wie das edle Bild des Helden Karl im Verlaufe der französisch Epik immer mehr getrübt und befleckt wird, genau so ergeht es dem des Weibes.

Auch in anderer Beziehung liessen sich im Laufe meiner Untersuchung einige allgemeine Resultate gewinnen. Aus der Prüfung der Frauenschilderung ergaben sich gewisse Merkmale für die Verwandtschaft einzelner Epen.

So weist die Bramimunde des Rolandsliedes mit der Guiborc im Guillaume d'Orange eine so auffallende Aehnlichkeit auf, dass man die letztere für eine verblasste Nachbildung der ersteren nehmen möchte. Die Blutrache, welche die Schwester für den Bruder übernimmt, wird im Doon de Maience genau so betont wie im Girbert de Metz, und hier wie dort lässt ein Mädchen eine Botschaft an den Geliebten durch einen Pfeilschuss übermitteln⁴). Aiol und Hervis de Mes bieten mit seltener Uebereinstimmung die Episode, dass ein Ritter mit der Geliebten durch die Einöde zieht und sie ihn von Hunger erschöpft flehentlich um Brod bittet.

Zweimal, im Garin le Loherain und im Auberi li Borgoins warnt eine Frau ihren Gatten genau in derselben Weise vor einer gefährlichen Eberjagd. Sebile in der Chanson des Saxons und Gloriande in der Chevalerie Ogier lassen unbequeme Bewerber mit derselben thörichten Hoffnung auf ihre Gunst als

---

3) cf. Huon de B. v. 5693 »Esclarmonde« — Floov. v. 516 »Maugalie« — Doon de M. v. 7835 Gaufr. v. 242 »Flandrine« — ib. v. 1652 »Flordespine.« — ib. v. 7777 »Esglentine.« — ib. v. 7241 »Passe Rose.« — Mac. v. 21 »Blancheflour.« — Chev. Og. v 1021 »Gloriande.« — Bueves de C. v. 706 »Malatrie.« — Gayd. v. 8275 »Claresme.« — Foulque de C. p. 11,5 Anfelise. — ib. p. 38,9 Faussette. —

4) Gar. Loh. O 128d v. 1 ff.: Cele pucele qui est au pavellon Nos a fet feire ca traire un bozon Leitres i a entor et environ. cf. Doon de M. v. 10841/42: I arc turquois a pris, onques n'i demora, En une fleiche fort chele letre frema.

Siegespreis in den gewissen Tod gehen⁵). Im Gaufrey und im Auberi li Borgoins weiss die Liebende durch die gleiche List eine Zusammenkunft mit dem Geliebten zu erreichen⁶). Eine noch grössere, fast wörtliche Aehnlichkeit tragen die Ermahnungen, mit denen Parise la Duchesse und Flandrine im Gaufrey den scheidenden Sohn entlassen⁷).

Berte aus grans piés, Parise la Duchesse und Macaire endlich weisen bekanntlich ganz gleiche Frauenschicksale auf: unschuldige Verstossung, Umherirren in der Wildniss, schliessliche Versöhnung mit dem Gatten.

I. Kindheit der Frau. Die Frau als Tochter.

Schon die Geburt des Weibes scheint es zu einer untergeordneten Stellung zu berufen. Der ritterliche Vater wünscht sich Söhne, die seinen Waffenruhm erben und vermehren, sein Geschlecht fortpflanzen können, und seine Gattin ist glücklich, wenn sein Wunsch in Erfüllung geht⁸). Darum wird die Stunde, in der ein Knabe zur Welt kommt, stets als gesegnet gepriesen⁹): die Geburt eines Mädchens findet sich dagegen an keiner Stelle

---

5) cf. Chev. Og. v. 2770 ff. (Gloriande): »Mort u vencu Ogier vos renderomes.« »Sire, dist-ele, grans honors vos abonde! Au repairer vos en irai encontre: Si vous prendrai; . . . « — Chans. d. S. II. pag. 10,6 ff. (Sebile): »Se par fines amors m'otroiez un baisier, Je li ferai sentir mon branc forbi d'acier « »Volentiers, dist la dame; mès c'est au repairier.«

6) Aub. p. 123,4 ff. (Frau hes Baudoin): »Sire, dist-elle, tiers jor a, ne dormi. Or ne vos poist, par amors le vos pri, Reposer voil en ma chanbre a seri.« — Gaufr. v. 8356 ff. (Flordespine): Ele a dit à Maprin: »Or ne vous ennuit mie, Je me vois reposer en ma chambre serie; Je ne dormi bien a IV. nuis et demie « —

7) Gaufr. v. 7525 (Flandrine): »Fix de moi te souviengne, pour Dieu le roiamant.« — Parise la D. v. 1594. (Parise): »Biauz fiz, por Dieu vos pri que vos ne m'obliez.«

8) Parise la D. v. 829 (Parise): »Par la foi que vos doi, uns damoisieaux est né.« cf. Léon Gautier, l'Enfance d'un baron pag. 396. Schulz I., p. 109, 111. Weinhold I. p. 94.

9) Parise la D. v. 824 (Parise): L'ore fust benoîte, d'un fil s'est deslivré. — Floov. v. 2477: »Beneoite soit l'ore que futes angandrez.«

als ein glückliches Ereigniss erwähnt[10]). Ebenso erfahren wir viel von der Kinderzeit der Söhne[11]), fast nichts über das heranwachsende Mädchen und seine Erziehung. Vornehme Töchter hatten zahlreiche Gespielen[12]). Wie der Sohn im Waffenhandwerk wurde das Mädchen wohl in den Pflichten der Hausfrau geübt. Sie reicht bei Tafel das übliche Waschwasser, empfängt und bedient die Gäste[13]), entwaffnet oder waffnet sie, trägt Sorge für ihr Ross, geleitet sie zur Lagerstätte[14]). In ihren Gemächern beschäftigen sich die jungen Mädchen mit der Anfertigung der Gewänder[15]), in kunstvollen Stickereien sind einige ausgezeichnet geübt[16]). Dabei ertönt wohl ihr Gesang, den sie auch dann anstimmen, wenn sie als Zuschauerinnen zum

---

Gar. Loh. II. p. 74,¹/₂ : Premiere nuit qu'avec ele dormi L'eure fu benne, si engenra un fil.

10) Berte a. gr. p. v. 3167: Une fille engendra, de ce n'estuet cuidier; *(Ein weiterer Zusatz fehlt.)*

11) Jourd. de Bl. v. 577 (Erembors): V. dammes treuve de molt grant seingnorie Toutes gentiz et de molt franche orinne Qui les anfanz ambes douz i norissent. — ib. v. 658 (Erembors): »Ces dammoisiax verrai de ton né Par devant moi et venir et aler, A la quintainne et a l'escu jouster, Et corre as barres et luitier et verser.« cf. Léon Gautier p. 413—15 A. Schulz I. p. 127.

12) Fierabr. v. 2151 (Floripas): »Véez ci .V. pucieles de grant nobilité. cf Fierabr. v. 2040 ff. Gui de N. v. 2440 ff.

13) Aiol v. 2045 ff. (Lusiane): Elle prist par l'estrier par grant amor: »Amis, ostés vostre elme, donés le nous, Et monterés la sus en cele tor;« — Foulque de C. p. 34,10: Dame Guibourt les sert de volenté. Cf. Schulz II. p. 68/69.

14) Aiol v. 2152. ff. (Lusiane): »Damoiseus, venés ent huimais dormir; Par le puin le mena dessi al lit. Garins tient le candeile et sert del vin: Bien en ont andoi but par grant loisir. *spricht gegen die Behauptung von Schulz I. p. 341, dass ein Schlaftrunk in französischen Gedichten nicht erwähnt sei. cf. auch* Weinhold II. p. 199/200.

15) Mort de Gar. v. 172 (Biatriz): Ele cosoit un molt riche chamsil — Ren. de Mont. p. 13,39: Pensés de soie tordre, ce est vostre mestier.

16) Ren. de Mont. p. 113 v. 27 (Clarisse): Et tint sor ses jenos une ensegne sertée, Gentiument l'enlumine, car ele estoit letrée. — Berte a. gr. p. v. 1395 (Aiglente): Berte est la mieudre ouvriere que j'onques esgardai. cf. A. Schulz I. p. 150, Weinhold I. p. 181.

Turnier reiten[17]). Leichte Tänze im Freien sind beliebt und werden wohl als Anziehungsmittel für die Ritter benutzt[18]). Schwimmen(?)[19]), reiten[20]), selbst ein Streitross tummeln[21]) versteht das ritterliche Mädchen, das in der Noth auch Ritterwaffen führt[22]).

Die geistige Ausbildung der Tochter liegt wohl im Argen, aber jedenfalls weniger als die des jungen Helden[23]). Die Mädchen werden fromm erzogen: sie wissen vortrefflich ihre Gebete herzusagen[24]), in denen sie zuweilen eine umfassende Kenntniss der Heils- und Heiligengeschichte anbringen.

---

17) Gar. Loh. II. p. 260,15 ff: Grans fu la joie qu'on fait devant Garin. As eschelettes font le marbre tentir, Les damoiseles chanter et esbaudir. — Bueves de Comm. v. 135,36: A la cité n'ot dame ne fille a chastelaine Qui ne s'en isse fors cler chantant son seraine.

18) Gui de N. v. 2440 ff: Plus en i ot de .XXX. as blians entailliés Es ombres sunt aléez dessous les oliviers La korole commenchent .... cf. Weinhold II. p. 157.

19) Aye d'Av. v. 920/21 (Aye): Tant redouta la dame qu'elle ne soit honnie, Qu'ele se fiert en l'iaue en peril de martire.

20) Ot. v. 721: Belisent munte sur un mul de Hungrie. Foulque de C. p 22,11 ff. (Anfelise): Tiebaut i a sa seror envoiée Esbanoier, en sa main la corgée Sor une mule molt bien apareilliée. —

21) Chev. Og. v. 12054, 12059 *(Tochter des* Angart): Ele regarde voit un destrier corant — Ele le prist, si monta maintenant. — Jourd. de Bl. v. 968/69 (Erembors): N'en mainne mie palefroi qui soit lasches, Ainz est montée el bon destrier d'Arrabe.

22) Aiol v. 7481/82 (Mirabel): »Le harnax conduirai volentiers et de gré: A guise d'escuier me convient atorner.«

23) cf. A. Schulz I. p, 123. *»Nur die Damen waren des Lesens ųundig.« Dagegen scheint zu sprechen:* Garin Loh. II. p 263, 24. Bien vit les lettres et reconnut l'escrit. — Mort de Gar. v. 3020 ff: Atant ez-vos un messagier o vint; De devers Blaives venoit le droit chemin; Letres aporte, si les baille Gerin, Et cil les tent au Loheren Garin, Li dus les prent, s'estent le parchemin; Il vit les letres, si connut bien l'escrit. *Garin macht also eine Ausnahme.*

24) Berte a. gr. p. v. 401. (Berte) En son lit en seant priet ses heures à dire — ib. v. 710 ff. (Berte): Ha! sire Diex, fait ele, voirs est k'ainsi ala: De virge naquesistes; quant l'estoile leva etc. — Amis et Am. v. 1252 ff. (die Königin): Sire, dist elle, biaus rois de majesté, Qui en la crois laissuz ton cors pener, Garis mon cors de mort et d'afoler etc.

Fürstentöchter lernen wohl fremde Sprachen[25]), Heidinnen vor allem das Romanische. Zum Lesen und Schreiben haben die Damen für gewöhnlich ihren Kanzler[26]): aber es giebt auch schreibkundige Mädchen, welche Fertigkeit dann besonders betont wird[27]). Ein einziges Mal sendet ein Mädchen dem Geliebten eine selbstgeschriebene Warnung, bemerkt wird aber, dass dieselbe nur nothdürftig gekritzelt ist[28]). Die Mädchen kennen ferner gewisse Heilmittel und verwenden sie mit Erfolg bei Verwundeten[29]). Merkwürdiger Weise wird auch Astronomie als ein weibliches Wissen genannt[30]). Das Schachspiel treiben

---

25) Foulque de C. p. 29, 12 (Anfélise): Ele l'apele en romant, qu'ot apris. — Gaufr. v. 1794 (Flordespine) Bien sot parler latin et entendre rommant — Chev. Og. v. 11,884. (Tochter des Angart): François apris à un conte Guilieme. - Huon de B. v. 6071 ff.: »Et ceste dame que vous ici véés, Aveuc vo fille, sire le meterés; Aprendra li bel françois à parler.« — cf. A. Schulz I. p. 121. — Weinhold I. p. 135 ff.

26) Chans. de S. I. p. 133, 10: Rissendine de Frise vint as murs apoiier, Cele qui fist les lettres à Karlon envoiier. — Girb. de M. p. 474, 7/8. (Blancheflor): Dedans sa chambre entrai l'enpereris, Fait faire letres et saeleir escris. Mort de Gur. v. 2173 ff. (Blancheflor): Isnelement en ses chambres en-vint, Son chapelain en apela Thierry: »Faites moi letres et séelés escris;«

27) Berte a. gr. p. v. 102 (Berte): Car bien estoit letrée et bien savoit escrire.

28) Girb. de M. Hs. O 128, c. v. 2 ff. (Ludie): Prist parchemin et puis encre et penon S'en a trenchiet I. petitet en son. El fet les leitres. s'i mist la traïson, Mauveisement, mais lire le peut on.

29) Ot. v. 1048/49 — 1052 — 54: Ses plaies levent, si l[e] mettent culchier. D'une herbe duce li donent à mangier. — Cil dormi tost qui en at grant mestier. Quant il s'esveille, si se sent tut legier, E plus fu sein que prune de pruner. — Gaufr. v. 3923 ff. (Frau des Grifon): Et la dame gentil maintenant s'en ala, Et vint à I. escrin et si [le] deffrema, Et si en trait une herbe qui si grant bonté a Qui en ara usé ja mal ne sentira. En. I. mortier la trible et si la destrempa, Puis en vint à Robastre et si li en donna. Si tost comme le ber le col passé en a, Il fu sain comme pomme, de chen ne doutés ja. — Elie de S. G. v. 1459 ff.: Rosamonde la bele ama mout le vasal. Teus .IX. herbes li done, qu'ele li destenpra; Puis qu'il en ot beu et le col trespassa, Tout fu sains et garis, a mangier demanda: cf. Weinhold I. p. 170 ff. A. Schulz I. p. 158.

30) Gaufr. v. 1796 (Flordespine): Et du cours des estoiles, de la lune luisant, Savoit moult plus que fame de chest siecle vivant.

viele Mädchen bis zur Meisterschaft[31]), so dass sie darin den Rittern überlegen sind. Von allen anderen Liebhabereien erscheint die Kunst sich zu schmücken als eine der grössten: unendlich oft wechseln die jungen Schönen die Kleidung[32]). Anzug und Reitzeug von Fürstentöchtern sind überaus kostbar und werden genau geschildert[33]).

Mädchenhafte Schüchternheit besitzen die Töchter nicht, am wenigsten die Heidinnen. Es wohnt ihnen gleich ein mehr männlicher Zug inne. So haben sie Freude am Kampf[34]) und schauen gern der Schlacht zu[35]): Kriegsgefangene werden ihnen

---

31) Gaufr. v. 1795. (Flordespine): Bien sot jouer as tables, as eschés ensement. — Huon de B. v. 7534 ff. (Tochter des Yvorin): Et la pucele s'en va à cuer iré. »A foi, dist-ele, Mahom te puist grever! Se je séusse que ne déust faire el, Par Mahommet je l'éusse maté.« — cf. Weinhold I. p. 116 ff.

32) Elie de S. G. v. 1692 ff. (Rosamonde): Ançois qu'ele vausist de la canbre torner, S'est faite la puchelle gentement atorner. En son dos a vestu I. hermin engoulé. — Gaufr. v. 1694: »Sire, dist Flordespine, trop vous povés coitier. Ains iroie en ma chambre autre robe cangier. — ib. v. 7192. (Flordespine): Belement s'en entra en la chambre pavée; Si a une autre robe vestue et endossée. — Gar. Loh. II. p. 3, 8 ff.: A Blancheflor fu la novele dit Que ci venoit l'empereres Pepins; Et la pucelle en une chambre vint Et vest un drap, nuns si siche ne vit. — Aye d'Av. v. 3696 ff. (Aye): La dame osta ses dras, s'a plus riche endossez, I. bliaut d'Abilant à oysiaus colorez; De pierres precieuses fu tot entor orlés. Et fu d'un cercle d'or son chief avironnez A riches esmeraudes qui getent grant clartez. — Mac. v. 3301 (Blancheflor): Grant joie en ot, si se vest richement Ad un fil d'or sa crigne vait nouant.

33) Foulque de C. p. 100, v. 18 ff.: Les pierres précieuses i sont bien avenant Des crins à la pucele en furent li traïant: Pennes de paon semblent, tant ierent reluisant. Tant chevauche Ganite qu'á la ciet vint errant. Gar. Loh. I. p. 297, 11 ff (Blancheflors): Désafublée en fut en un samis; Li palefrois sor quoi la dame sist. Estoit plus blans que n'est la flor de lis; Li lorains vaut cent mars de parisis p, 298,1 Et la sambue nuns plus riche ne vit. cf. Weinhold II. p. 218 ff.

34) Mort de Gar. v. 433 ff. (Blancheflor): Por béorder sont issu de Pariz, Et la réine au jent corz seignori S'en est issue o damoiselles diz.

35) Chev. Og. v. 1044. ff. (Gloriande): »Istrai la fors por véir le conroi. Je voel véir par la foi que vos doi, Qui ferront mix, Sarrasin où François.« — Foulque de C. p. 23, v. 1/2 (Anfélise): Sor son arçon dovant s'est apoiée: La i verra mainte lance brisiée.

zur Bewachung anvertraut[36]). Für ihre jungfräuliche Ehre kämpfen sie selbst und lassen sich lieber das Leben als diese rauben[37]).

Die Kindesliebe des Weibes ist in den Epen wenig eingehend behandelt. Das Verhältniss der Tochter zu den Eltern ist ursprünglich ein inniges; vor allem ist sie der Mutter zärtlich zugethan[38]). Ungern scheidet sie aus dem Elternhause: ihr Schmerz bei der Trennung von der Mutter ist überaus gross[39]): ebenso ihr Glück beim Wiedersehen[40]). Sie betet in der Ferne eifrig für das Wohl der Eltern[41]). Wenn sie ihnen gewaltsam entrissen wird, leistet sie wohl das Gelübde, sich nicht eher zu vermählen, als bis sie die Eltern wiedergefunden hat[42]). Die Liebe zur Mutter verläugnet das Mädchen äusserst selten: sie steht vielmehr treu zu ihr in der Noth[43]) und giebt, um das Leben der Mutter zu retten, ihren Gatten und ihre Ehre preis[44]).

---

36) Huon de B. v. 3073/74: »Li amirés qui m'ot emprisonné Ot une fille qui me devoit garder.« cf. Ot. v. 1005 ff.

37) Aiol v. 6352 ff. (Mirabel): »Mieux vauroie estre morte qu'a toi tel cose face! Ele estent les II. puins, par le barbe le sache, Bien le boute de lui et enpoint et resache: Par tel vertu le tire que .C. piaus en esrache.

38) Auberon v. 621 ff. (Brunehaus): »Peres gentis, fleurs de chevalerie, De saluer ma mere et ma lignie Pour dieu vous prois, si feres courtoisie. A ma mere, qui pour moi est irie, Contes comment chi m'averes laisie; Plus tost en ert, ce sai bien, apaisie.«

39) Berte a. g. p. v. 215 ff. (Berte): »Douce mere, fait ele, il mest avis que j'aie Parmi le cuer dou ventre d'un coutel une plaie.«

40) ib v. 3090 (Berte): Tantost connut sa mere, au pié li est alée.

41) Berte a. g. p. 2635 ff. (Berte): Par derriere l'autel s'ert la bele mucie, Où de cuer prioit moult Dieu et sainte Marie, Que son pere et sa mere doinst Ihesus bonne vie.

42) Jourd. de Bl. v. 3353 ff. (Gaudiscete): Mais elle dist: »c'est parole gastée, Ansoiz voldroit toute iestre desmenbrée, Qu'elle soit jà de nul home privée Jusqu'a celle hore, ses peres l'ait trouvée De cui elle est par traïson sevrée.«

43) Alesch. v. 3168 ff. (Aaliz): »Ainz m'en iré comme poure mendie; Mès qu'à mon pere soit l'acorde otroïe, Et à ma mere, qui por vos est marie.«

44) Hug. Cap. v. 5226 ff. (Marie): »Ma mere veul sauver au corayge agensy. Chou est ma douce mere, pour moy dolleur souffry. Au droit

Dem Vater ist die Tochter mehr gehorsam als liebevoll ergeben. Sie wird streng von ihm behandelt: im Falle des Ungehorsams sogar mit dem Tode bedroht[45]). Alle seine Befehle hat sie pünktlich zu vollziehen[46]), für ihre Wünsche zuvor seine Erlaubniss einzuholen[47]). Er masst sich sogar das Recht an, über ihre Mädchenehre zu verfügen und die Tochter gehorcht[48]). Aus seiner Hand erbittet und empfängt sie dankbar ihren Gatten, das heisst, wenn derselbe ihrer Neigung entspricht[49]). Sobald aber der Vater sie zu einer verhassten Heirath zwingen will oder ihre Leidenschaft für einen Geliebten nicht billigt, ist das Band der Kindestreue zerrissen, namentlich für die Heidin[50]).

---

jour et à l'eure que de son cors nasqui; Je ne puis tant souffrir qu'elle a souffert pour my. J'abandonray mon cors au traytre fally.«

45) Floov. v. 1759 (Maugalie): »Se mes peres me tient, il me todra la teste.« — Bueves de Comm. v. 2941, 45: »Fole garce, fait-il, com m'avés vergondé. On vous devroit ardoir, si aie je santé.«

46) Chev. Og. v. 54. (Beatrix): Dist la pucele: »Si con vos comandés.« — Gaufr. v. 6089: »Sire, dist Flordespine, si soit com vous pleira.«

47) Chev. Og. v. 1043/44 (Gloriande): »Le matinet, se vo talent estoit, Istrai la fors por véir le conroi.« ib. v. 1696/97 (Gloriande): »Sire, dist-ele, fait iert vo comandie; Sel velt mes peres ... — Karls R. v. 826 (Die Königstochter): Voluntiers le baissast, mais pur sun pere n'oset.

48) Karls R. v. 693 ff.: »Ci estat Oliviers ki dist si grant folie Ke une sule nuit avrait cent feiz ma fille. Fel seie en tutes curz, si jo ne li delivre! Si ne li abandun, dunc ne me pris jo mie. — Girb. de M. p. 529, 1/12: Por votre cors et dedure et servir Fis a baron couchies vos avoc li!

49) Elie de S. G. v. 1731 ff. (Rosamonde): »Biaus pere, donés moi,« dist la franche mescine ».I. vallet voil avoir touset de barbe prime.« — Raoul de C. p. 226 v. 5/6 (Tochter des Géri): »Mari vos quier dont je éuse .I. oir, Après vos mort vos terre maintendroit.« — Floov. p. 2209 ff. (Florote): »Merci, bau sire peres, por Deu omnipotant! Se vos ne me donez lou marchis Floovant, Je n'aurai mais mari an trestot mon vivant.« — Ot. v. 648/49: Dit Belissant: »Ge m'en tien à garnie; De tel mari doi je bien estre lie.«

50) Huon de B. v. 6237/38 (Esclarmonde): Aidier vous veul, que soiiés delivré Et le mien pere ne puis ge plus amer.« — Bueves de Comm. v. 3761/62 (Malatrie): Apres vous m'en irai, li consaus en est pris, Car se me tient mes peres, mes cors est mal baillis.« — Amis et Am. v. 659 ff. (Belyssant): Il ne me chaut, se li siecles m'esgarde Ne se mes pere m'en fait chascun jor batre; Car trop i a bel home.« —

Da verbindet sie sich wohl mit der Mutter gegen den Vater[51]). Ihr einziges Streben ist nun, mit dem Geliebten vereint zu werden. Rasch vergisst sie den Vater[52]) und betrügt und verräth ihn[53]). Sie trotzt seiner Gewalt, verspottet seinen Zorn, besiegt ihn mit List[54]), bedroht sein Leben[55]) und bietet selbst die Hand zu seiner Ermordung[56]). Ja sie selbst will sogar den ersten Streich auf ihn führen[57]) und fordert die Genossen des Buhlen dringend auf, ihn nicht zu schonen[58]). Kaltblütig sieht sie sein Haupt fallen, um in der nächsten Stunde ihre Vermählung zu feiern[59]).

---

51) Amis et Am. v. 796 ff. (Blancheflor): Quant la roïne li commenche à huchier: »Sire, diat ele, mal feriez et pechié. Se il vos plaist, le franc conte laissiez; Mes cors meïsmez le voldra ostaigier, Et Belyssans, por cui la bataille iert.« cf. Doon de M. v. 7826 ff.

52) Aiol v. 5365/66 *klagt Mirabel anfänglich:* »Mar me noristes onques, sire chier pere! A tort et a pechié m'en sui sevrée: *weiterhin aber erwähnt sie nie mehr des Vaters.*

53) Gaufr. v. 1869 ff. (Flordespine): »Je diroi Gloriant et mon pere par nom Que Huré emmenoit les François à bandon Et les avoit jetés tous hors de la prison.« — Floov. v. 838 ff. (Maugalie): »Amiraus de Persie, car te lais conselier; Deci à .XV. dis .I. respit lor donez, Qu'aurez mandez vos homes, vostre uriere ban fier, Puis an feroiz jotise, voiant M. chevalier.« — Elie de S. G. v. 1650/51 (Rosamonde): »Bien quide l'amiraus que soient mort geté; Mais je fac les François en rua cambre garder.« — Fierabr. v. 2730/31 (Floripas): »Carciés moi les François, si les ferai garder, Puis en ferés justice sempres après digner. cf. Huon de B. v. 5908 ff.

54) Fierabr. v. 3807 ff. (Floripas): »Laiens a fait mes peres son tresor assaumbler; Tant y a plates d'or nus n'es porroit nombrer; Desci à XV. jours puet li assaus durer; Ne vous fauront les plates de fin or à geter.«

55) Fierabr. v. 3626/27 (Floripas): »Se je vif, par saint Piere à cui je voel proier, Encor ert l'amirans mon pere en vo dangier.«

56) Gaufr. v. 8398 (Flordespine): »Ne roi ne amirant n'espargniés vous mie.«

57) Huon de B. v. 6249 ff. (Esclarmonde): »Au lit mon pere vous vaurai droit mener, Et, par chelui qui Dix est apielés, Jou li vorrai le premier cop donner.«

58) Fierabr. 5917/18 (Floripas): »Karles, que tardes tu, que ne l'as mort piecha? Honnis soit il du cors, ki ja l'espargnera.«

59) Gaufr. v. 8821,9248 (Flordespine): Mort l'abat lés la belle, qui tint le chief enclin — Chele nuit jut Berart o la belle au cors gent.

II. Die Frau als Schwester.

In ihrer Stellung zu Geschwistern wird die Frau äusserst spärlich gezeichnet. Schwestern sind sich wohl so innig zugethan, dass eine den Tod der andern nicht überdauert[60]). Das Verhältniss zu den Brüdern ist nicht als besonders innig vorauszusetzen, ihnen ist von Kindheit auf durch Jagd und Waffenübung ein mehr äusserer Wirkungskreis angewiesen, das Mädchen dagegen an das Haus gefesselt. Später entfremden langdauernde Kriegszüge die Geschwister noch mehr. Die Stellung zum Bruder wird aber durch innige Beziehungen des Weibes zur »Geste« bedingt. Der Bruder besitzt ein gewisses Verfügungsrecht über die Schwester; wie dem Vater hat sie sich ihm zu unterwerfen[61]). Er vermittelt häufig ihre Heirath, dabei über ihre Hand verfügend[62]); er beschirmt sie in Kriegsnoth[63]). Aber er behandelt sie auch roh und gewaltsam[64]), und es kommt vor,

---

60) Mort de Gar. p. 222, v. 1/2 (Aelis und Biatris): Les deus serors, puis que fu mors Garins Plus ne vesquirent que trois jors et demi.

61) Chev. Og. v. 1696/97 (Gloriande): »Sire, dist-ele, fait iert vo comandie; Se lvolt mes peres et mes freres l'otrie.« — Ren. de Mont. p. 114,2 ff. (Clarisse) *Ihr Bruder verlobt sie:* »Sire, dist ele au roi, si com il vos agrée, Jà par moi ne sera parole refusée.« cf. Weinhold I. p. 298, 329. — Alesch. v. 3220 ff. — 3226 (Blancheflor): »Mes freres estes, moult en sui repentie, Se jai dit chose dont m'aiez en haie, Miex vaudroie estre fors de France chacie.« — Dont s'agenoille, à ses piez s'umelie, Le pié li baise, s'a la jambe embracie. — Rol. v. 1720: Se puis veeir ma gente sorur Alde. Ne jerreiez ia mais entre sa brace.

62) Gar. Loh. I. p. 157, 10: »Dame, dist-il, demain arez mari.« — ib. p. 158, 11/12: Par le poing destre a sa seror saisi Fromont la donne voiant tot ses amins. — Gar. Loh. O. 132. a. v. 15/16 (Fromondin *droht seiner Schwester* Ludie): »Cuidiez vos gaire qu'il vos doie esposer; Ainz vos leiroie toz les menbres coper.«

63) cf. Foulque de C. p. 28.

64) Chev. Og. v. 2068/69: »Je vos feroie quatorze pies saillir, A grant honte et mener et laidir.« — Elie de S. G. v. 2183/84 (Rosamonde): Caifas s'en retorne, ens es dens le feri, Que la levre li tranche, le sanc en fait saillir.

dass er im Zorne ihre Kinder mordet, ihr selbst den Tod droht[65]).

Die Frau ist dem Bruder bisweilen ganz ergeben und nimmt lebhaft an seinem Schicksal Antheil[66]). So die edle Dame, die in einem gewaltig tapferen Recken ihren verschollenen Bruder vermuthet. Sie sucht den Verwilderten zu sich zu erheben, indem sie ihn mit ritterlichen Waffen schmückt[67]). Sie weint vor Furcht, dass ihre Hoffnung sich nicht erfüllen möge und umarmt den Erkannten unter Freudenthränen[68]). Den beleidigten Bruder sucht sie mit dem Gatten zu versöhnen[69]). Häufig sind die Klagen der Schwester um den Tod des Bruders.[70])

---

65) Loh. *Hs.* N. 136a v. 8 ff.: Par les deus pies a les enfans combre A un piler de fin marbre liste Les a andeus si fierement hurte Par tel air et par tel cruaute Que il les a andeus esserveles. Quant a ce fet le felon parjure Par les fenestres les gita ou fosse. Voit le Ludie, si quomence a plorer, Et Fromondin li quomence a crier: »Tessiez vos, suer, dist Fromons le derve, Ou par la foi que je doi Dieu porter, Se plus vos voi ne crier ne plorer De vos meismes ferai je autretel.«

66) Gar. Loh. II. p. 105, 16 (Helois): »Que fait mes freres et ma suers Biatris? Por un petit que il ne fust ocis: La dame l'ot, tout li sang li frémist. Tenrement plore, ne s'en pot astenir. — ib. p. 258,9 ff. (Helois): »Où est mes freres, revenra-il par ci? »Mors est vos freres, Bordelois l'ont ocis. Diex! dist la dame, sires peres, merci!« — Loh. *Hs.* O 151b v. 17 ff.: La font Ludie en la place mener, Quant vit son frere, ne pot sor piez ester, De doel et d'angoisse la covint a paumer. Quant se redreice s'a Fromont acolé Et li beisa et la bouche et le nes Et le visage qui est ensenglanté.

67) Alesch. v. 4778 ff. (Guiborc): »Amis, dit-ele, savez armes baillier? Ceing ceste espée à ton flanc sénestrier, Mestier t'aura se tu t'en sez aidier.« — ib. v. 4811. (Guiborc): »Mès or vos veil par amors demander Que tu me soffres ton cors à adouber A toz jorz mès t'en vorrai plus amer.«

68) Alesch. v. 7570 ff: Guiborc l'oï, durement a ploré, Renoart a de ses braz acolé: »Besiez moi, frere, moult vos ai désirré. Je sui ta suer, ne quier qu'il soit celé.«

69) Loh. *Hs.* N 135b 36 ff. (Ludie): »Frere fet elle, merci por l'amor De. Car souffrez, frere, que soions acorde A mon signor et a Girbert autel.« — Alesch. v. 7478 ff. (Guiborc): »Renoart, frere, dont vueil je rover Que tu me voielles ce meffait pardoner En guerredon que je te fis armer Dedens ma chambre et caindre le brant cler. Et se nel fès, par voir le puis conter, Jà mès de ci ne me verrez lever.«

70) Aub. in Tobler Mitth. I. p. 13, 2/3: Et Seneheus moult grant duel demena Por ses II. freres, que andeus perdus a. — Aiol v. 5592

Die Frau übernimmt für den gemordeten Bruder die Blutrache und giebt, um diese zu verfolgen, sogar den Gatten auf[71]).

Sehr häufig aber verhält sich die Schwester auch gleichgültig oder gar feindselig gegen den Bruder. Widerstand desselben gegen ihre Liebespläne, Rache für von ihm an ihrem Gatten begangenen Verrath, aber auch schnöder Eigennutz rufen den Bruderhass in der Brust des Weibes wach.

Da bietet die Frau dem Bruder Trotz[72]), überlistet und verräth ihn[73]), betrügt ihn um sein Erbe[74]), will ihn, wenn er in Noth oder Gefahr erscheint, seinem Schicksal überlassen wissen[75]) und sieht ihn mitleidslos vor ihren Augen schwer verwundet werden oder sterben[76]).

Mirabel): Or m'a ocis mon frere, toute kaitive lase. — Raoul de C. p. 142 v. 13/14 (Schwester des Raoul): Dame Alaïs fut d'ire trespensée, Sa fille chiet de maintenant pasmée. — Doon de M. v. 2012/13 ff: Lei quens ot une suer, Susanne iert apelée, Chele amoit plus le conte que rien qui ainc fust née En Alemaigne estoit richement mariée.

71) Doon de M. v. 2021 ff. (Susanne): Herchembaut apela, con s'el fust forsenée: »Sire, que ne m'avés chele putain prouvée Getée en l. grant feu et arse et tourmentée Qui mon frere m'a mort et la gueule coupée? Alez! vengiés vous ent sans point de demourée!« — cf. Loh. Hs. N 133e 14 ff. (Ludie): »Girbers«, dist-ele, que est cou que tu dis? Hui mais estiés uns de mes boins amis, Or estes vous mes morteus anemis Et serés mais dusqu'al jour de juis.«

72) Chev. Og. 2072/73 (Gloriande): »Danemons frere, trop menés grant hustin; Li vos barnages vos durra mais tot dis.« — Elie de S. G. v. 2179 ff. (Rosamonde): »En une cambre basse vous meterons tout vif.« Ele lait le parler, par les temples le prist, Des cheveus a sachiet quanque la bele en tint. — Raoul de C. p. 205, v. 11 ff. (Aalais): »Tu ne deuses pas règne justicier. Se je fuse honi, ains le sollelg couchier, Te mosteroie à l'espée d'acier Qu'à tort iés rois, bien le pues afichier.«

73) Foulque de C. p. 30,26 (Anfélise): Lors fait semblant que por lui se pasma.

74) cf. ib. p. 41,27 ff.

75) Ren. de Mont. p. 362, v. 6/7 (Clarisse): »Renaus, dist la duchesse, por moi i porrisist, Laissiez lo, s'il vos plait, c'est domage qu'il vist.«

76) cf. Doon de M. v. 4020 ff. (Nicoleite): *Als Doon ihren Bruder tödtet, klagt sie nicht.* cf. Hervis de Mes T. 70.

III. Die Frau in der Liebe.

Die Liebe spielt in fast allen Chansons de Geste eine bedeutende Rolle. Am verbreitetsten ist die Fabel, dass eine Heidin für einen Christenhelden entbrennt und ihm ihre Liebe anträgt[77]). Das Weib also wirbt, der Mann gewährt: so ist in den Epen fast immer von einer Liebenden, kaum von einer Geliebten die Rede.

1. Verhalten der Liebenden.

Die Liebe des Weibes erscheint anfänglich rein und zart und erhebt sich bis zu völliger Entsagung. Das Mädchen, welches den Verlobten durch den Tod verliert, erwartet von der Welt nichts mehr[78]) und stirbt vor Schmerz[79]). Im weiteren Verlaufe der Epik wird die Liebe der Frau immer als eine solche geschildert, welcher Berechnung oder Sinnlichkeit[80]) zu Grunde liegt, und nach der letzteren Seite hin wird namentlich die Heidin scharf gezeichnet. Die Leidenschaft des Mädchens für einen Ritter erwacht meistens plötzlich: sie sieht ihn in

---

77) cf. Huon de B. (Esclarmonde); Foulque de C. (Anfélise); Fierabr. (Floripas): Chev. Og. (Gloriande); Bueves de C. (Malatrie); Floov. (Maugalie, Florote); Gaufr. (Flordespine).

78) Raoul de C. p. 144 v. 24 — p. 145 v. 1. (Helvis): »Porquoi ne part mes quers soz ma mamèle Quant celui per cui pevoie estre ancèle? Or porrira cele tenre maissèle, Et cil vair oel dont clère est la prunèle. La vostre alaine estoit tos jors novèle.« Lor chiet pasmée la cortoise pucele.

79) Rol. v. 3717 ff.: Alde respunt cest mot mei est estrange. Ne place deu ne ses seinz ne ses angles. Apres Roll' que io vive remaigne. Pert la culor chet as piez Carlemagne. Sempres est morte deus ait mercit del anme. — Doon de M. v. 4157/58. (Nicoleite): De l'angoisse qu'ele a le cuer li faut atant. Et l'ame s'en depart tantost de maintenant.

80) Raoul de C. p. 226 v. 14 ff. (Tochter des Géri): »Mari vos quier por mon cors déporter. Or est li termes et venus et passes: Ne m'en puis mais souffrir ne endurer.« — Elie de S. G. v. 1732 ff. (Rosamonde): ».I. vallet voil avoir touset de barbe prime, Je ne quier que il ait que l'espee forbie, Qui por amor de moi fache chevalerie: N'ai cure de viellart qui le pel ait froncie.«

seiner Schönheit und Männlichkeit[81]) oder sieht seine Thaten[82]) und ist gleich in ihn verliebt. Auf die Waffentüchtigkeit des Mannes legt die Frau grosses Gewicht: sie verlangt als Beweis seiner Liebe, dass er unter ihren Augen turniert[83]), macht ihre Neigung gradezu von seinen Kampferfolgen abhängig[84]). Ein besiegter Liebhaber wird arg verspottet und verstossen[85]). Eifersüchtig vertheidigt das Mädchen den Waffenruhm des Geliebten[86]). Hat ein Ritter die Leidenschaft eines Weibes entfacht, so kennt diese keine Rücksicht mehr. Sie will den Geliebten

---

81) Chev. Og. v. 60, 67 (Beatrix): En Ogier ot mult tres bel baceler, ... E la pucele prist lui a enamer. — Bueves de C. v. 2678/79. (Malatrie): Lors desirra tantost k'eûst Mahom guerpi Et que Gerart eûst à per et à mari. -- Alesch v. 4103 ff. (Aaliz): La fille au roi l'en prist a regarder, Enz en son cuer moult forment à amer. Dit à sa mère: »Vez com biau bacheler.«

82) Foulque de C. p. 23,19 — 22/23 (Anfélise): »Cien voi un, qui molt fait à prisier. ... Se c'est cil que Pynelx me dist ier, Li feus d'amor me fera bautisier.« — Aiol v. 5596/97: Bien avés oi dire et as uns et as autres Que feme aime tost home qui bien fiert en bataille. — Raoul de C. p. 225 v. 10 ff. (Tochter des Géri): »Trestuit disoient à maisnie privée, Cui vos fériés de la lance plenée Ne remanoit en la cèle dorĉe. De vos avoir estoie entalentée.«

83) Foulque de C. p. 103 v. 19 ff. (Ganite): S'il, ains que prime soit, n'est as portes trovés, Es barres et as lices son gonfanon metez! N'ait fiance en m'amour; ques mès soit mes privés.

84) Bueves de C. v. 2268/69 (Malatrie): »Ainçois que de mon cors soiés dou tout saisis, Verrai comment vous estes d'armes duis et apris.«

85) ib. v. 2958 ff. — 2967 (Malatrie): »Car je le vi baignier son hauberc endossé, Je ne sai se si menbre sont dou baing eschaudé, Car onques puis sor piés ne le vi relevé. ... Honnie soie je s'il gist à mon costé.« — Foulque de C. p. 28, 16 ff. — 25 (Anfélise): »Amis, fait ele, vous estes de grant bruit; Mais cil destrier vi ge hui main tout vuit. Car dites ore, doit cil avoir déduit De gente dame ne par jor ne par nuit, Qui lait s'amie et delez lui s'en fuit?« ... »Molt est vile cele qui de vos atent fruit.« — Siège de B. v. 2906/7 (Malatrie): »Alez en la cuisine et hastez le mangier, Pute soit la pucele qui ja vos aura chier.«

86) Doon de M. v. 8388 ff: »Dame, fet Flandrineite, quel chevalier chi a! Beneéite soit l'eure que s'amour me donna.« »Dame, fet Mabireite, moult bon vassal i a; Mès vous reverrés bien du mien quel le fera.« — Foulque de C. p. 116, 22 ff. (Ganite): »Voulez véoir bon vassal sans paour? Onc mès d'espée ne vi tel féréour! Qui il ataint il n'a de mort secour.« Ayglente a dist: — »Molt dites grant folour. Li quens Bertran tiennent tous au meillour.«

wo möglich auf der Stelle haben[87]) und opfert seinetwegen alle Bande der Familie, die Heidin auch noch den Glauben[88]). Gleich in der ersten Stunde der Bekanntschaft trägt wohl ein Mädchen dem Erwählten ihre ganze Gunst an und beharrt bei ihrer Leidenschaft für ihn, auch wenn sie völlig abgewiesen wird[89]). Sie findet keine Ruhe mehr[90]). Entweder wirbt sie selbst[91]) oder wählt einen Liebesboten, der den Ersehnten zum Stelldichein ladet[92]). Die Heidin, der kriegsgefangene Franken zur Bewachung anvertraut sind, und die ihr Herz an Einen von ihnen gehängt hat, eilt selbst in den Kerker und bietet dem Betreffenden ihre Liebe an[93]). Sie erfleht seine Gegenliebe

---

87) Huon de B. 5694 ff. (Esclarmonde): »Sa douce alaine m'a si le cuer emblé, Se jou ne l'ai anuit à mon costé, G'istrai dou sens ains qu'il soit ajorné.« — Raoul de C. p. 219 v. 23/24 (Tochter des Géri): Puis dist en bas, c'ele puet esploitier, Que le tenra encor ains l'anuitier.

88) Gaufr. v. 1888/89 (Flordespine): »Que je l'aim si forment, ja ne le cheleron, Que pour l'amour de li deguerpiroi Mahon, Et si crerroi en Dieu qui souffri passion, Avec vous m'en iroi en France le roion.«

89) Aiol v. 2172 ff. (Lusiane): »Car vous tornés vers moi, jovente bele; Se vous volés baisier, n'autre ju faire, J'ai très bien en talent que je vos serve, Si m'ait Dieus del ciel, je suis pucele. Si n'euc onques ami en nule tere.« — Amis et Am. v. 651 ff. (Belyssant): »Qui vit ainz home de si fier vasselaige De tel proesce ne de tel baronnaige, Qui ne me deingne amer ne ne m'esgarde; Mais par Ihesu le pere esperitable, Or ne lairai ce que je voil ne face. —

90) Huon de B. v. 5837/38 (Esclarmonde): Ens son lit jut et ne pot reposer; Amors le poinst qui ne le laist durer. — Aiol v. 2191/92 (Lusiane): En un lit se coucha, molt se tormente. Mais ele n'i dormist por toute Franche. — Raoul de C. p. 219 v. 25/26 (Tochter des Géri): Tant l'argua l'amor del chevalier Que en la place ne pot plus atargier.

91) Floov. v. 505 ff. (Florote): Lai où ele le vit, si li dit metenant: »Car me baisiez, bau sire, dit Florote au cors gant; Il n'ai ome an ces[t] segle que je dessiere tant.«

92) Gayd. v. 8263 (Claresme): »Ditez Gaydon qu'il a moult belle amie.« — Raoul de C. p. 220 v. 12 ff. (Tochter des Géri): »Sus el palais m'en iras à Bernier. Di li par moi salus et amistié, Et qu'en mes chambres se vaigne esbanoier.« — Girb. de M. Hs. O 120c v. 23 ff. (Tochter des Anseis): »Or vos pri ge que au conte en alez, De moie part et si le saluez Et de par moi cest anel li portez.«

93) Huon de B. v. 5852 ff. (Esclarmonde): »Je vous aim tant que je ne puis durer Se vous volés faire ma volenté, Consel metrai que serés delivrés.«

und sucht sie auf jede Weise zu erwerben. Sträubt sich der Gefangene, so verwünscht sie ihn[94]), verschlimmert sein Loos[95]) und weiss ihn durch Hunger oder Todesfurcht williger zu machen, bis dass er ihren Wünschen gerecht wird[96]). Ist dies der Fall, so überhäuft sie ihn gleich bei der ersten Zusammenkunft mit den zärtlichsten Liebkosungen[97]). An der Erwiderung derselben liegt ihr sehr viel; häufig ist ihr der Geliebte nicht zärtlich genug: da erbittet sie wiederholt seine Küsse[98]). Sie umarmt ihn beglückt, selbst wenn er völlig gewaffnet ist und in Gegenwart aller seiner Genossen[99]). Mädchenhafte Scheu und züchtige Zurückhaltung ist der Liebenden überhaupt nicht eigen. Nur in einem Falle schämt sich das Weib der Liebkosung des

---

94) Floov. v. 440/41 (Maugalie): »Maonmoz te maudie, qui tot ai à bailier, Se tu ne viesz à moi parler et donoier.«

95) Huon de B. v. 5863 ff. (Esclarmonde): — »Amis, dist ele dont n'en ferés vous el?« — »Naie voir, dame, par sainte carité.« — »Par foi, dist ele, et vous le comperré!« Le cartrier a erroment apelé: »Amis, dist ele, envers moi entendés: Je te desfenc, sour les iex à crever, Que ce François ne doinsces que disner.«

96) Huon de B. v. 5894/95 (Esclarmonde): »Se chou me veus, otroiier et gréer Je te donrai à mengier à plenté.« — Fierabr. v. 2812/13 (Floripas): Et jure Mahomet: »Se vous ne me prenés, Je vous ferai tous pendre et au vent encruer.«

97) Gar. Loh. O. 121. b. v. 23 (Tochter des Anseis): Girbert embrace par ambedeus les flans. — Siège de B. v. 2813 (Malatrie): Plus de L. fois l'avoit besie souef. — Fierabr. v. 2821 (Floripas): Les bras li mist au col pour son amour fremer. — Floov. v. 1587/88 (Maugalie): Doucemant li anbrace les flans et les coustez, Plus de VII. foiz li baise et les auiz et les nés. — Raoul de C. p. 222. v. 3 ff. (Tochter des Géri): Si com il vienent, cort l'un l'autre baisier: Si s'entr'acolent, nus n'en doit mervillier, Car èle est bèle et il bons chevalier.

98) Fierabr. v. 5386 ff. (Floripas): »Ahi! Guis de Borgoigne, com m'avés oubliée, Que ains ne fu ma bouce de la vostre adesée, Gentix dux, ne me baisse, si serai saolée »Com s'avoie mengié gelines en pevrée.« — Raoul de C. p. 254 v. 1/2 (Tochter des Géri): »Baisiés moi, sire, por Dieu qui ne menti, Plus le désir que riens que Diex fesist.«

99) Fierabr. v. 3752: Tuitarmé s'entrebaisent quel virentli baron. — Gui de N. v. 1344. —46. (Ayglentine): Ayglentine s'escrie.« Amis, quer me baisiés.« ... Si fist il tout armez. Hé Dex! quel amistiez! — ib. v. 2680 ff. Gui saisist Ayglentine, entre ses bras la prent, Et elle embrache lui par les flans doucement; Moult fu boen la pucele quant ele armé le sent.

Geliebten Angesichts Fremder[100]). Oft verstösst die Werbende in Rede und Handeln gegen die Gesetze der Weiblichkeit[101]): sie vergisst sich soweit, um dem Begehrten selbst ihre Schönheit anzupreisen[102]). Manche Frau erscheint als in der Liebe sehr erfahren[103]): es kommt vor, dass sie mit Wort und Beispiel gradezu als Lehrerin derselben auftritt und andere Mädchen zur Leidenschaft verleitet[104]). Während sie sich des Erwählten freut, stellt sie wohl den Genossen desselben ihre Gespielen zur Verfügung[105]), die hierzu immer gern bereit sind. Die Verliebte scheut sich gar nicht, ihre sinnlichen Grundsätze und Wünsche unumwunden auszusprechen[106]). Ein sittliches Bedenken ist

---

100) Aub. p. 153, 24 ff. (Guiborc): Li dus la baise, qui moult l'a desiree. La dame ot honte si s'en est uergondee Por les barons qui tout l'ont esgardee.

101) Floov. v. 1801 ff. (Maugalie): »Se vos li faites, sire, moi n'an pese néant, II. foiz ou III. ou IIII. puis la lssiez atant, Et je an irai bien lou marchié porchaçant.« — Amis et Am. v. 612 ff. (Belyssant): »Biaus sire Amile,« dist la franche meschinne, Je voz offri l'autre jor mon service, Dedens ma chambre en pure ma chemise.« — ib. v. 628 ff. (Belyssant): »Sire, dist elle, je n'aime se voz non. En vostre lit une nuit me semoing, Trestout mon cors voz metrai à bandon.« — ib v. 669 (Belyssant): Au lit le conte si est tost approchie Et sozleva les piaus de martre chieres Et elle s'est lez le conte couchie, Moult souavet s'est delez lui glacie.

102) Elie de S. G. v. 1486 (Rosamonde): »Gentieus fius a baron, vois con sui bele et gente.« — Raoul de C. p, 223. v. 10 ff. (Tochter des Géri): »Vées mon cors, com est amanevis: Mamèle dure, blanc le col, cler le vis, Et car me baise, frans chevalier gentis; Si fai de moi trestot à ton devis.«

103) Fierabr. v. 2125 ff. (Floripas): »Je ne sai cui vous estes, car ne vous puis viser, Mais je quit c'as pucieles savés moult bien juer, En cambre sous cortine baisier et acoler.«

104) Chans. des S. I. p. 108, 11 (Sebile): »Qui or a son ami, qu'ele ne le fauvoie; Més sovant an sa tante se deduise et donoie, Que vaut biautez de dame, s'an jovant ne s'amploie.«

105) Fierabr. v. 2251 ff. (Floripas): »Vés ici V. pucieles de grant nobilité. Prenés cascuns la soie, trop estes reposé, Et je vous gaiterai par boine volenté.« — ib. v. 3917/18 (Floripas): »Je ne sai plus que dire: cascuns praigne s'amie Tant, que nous i serons, menerons boine vie.« — Bueves de C. v. 3655 ff.: Malatrie la gente devant tous s'avança, Gerart de Conmarchis ses bras au col geta, De se k'est là venus moult forment le prisa; Chascune des puceles un des barons pria;

106) Gui de N. v. 2188 ff. (Ayglentine): »Amis Gui de Nantueil, proesce vous salue, Encor me tendrez vous en vos bras toute nue, S'en

eigentlich nie bei ihr vorhanden; höchstens religiöse Skrupel. Die Heidin scheut sich, den Christen auf den Mund zu küssen[107]). Aber auch diese Zurückhaltung wird bisweilen völlig aufgegeben[108]), wie denn die verliebte Frau überhaupt kein Hinderniss, keinen Einwand mehr anerkennt[109]). Schützt der Umworbene vor, besitzlos oder von zu niedriger Geburt zu sein, so sucht sie ihm das auszureden[110]). Will er seinen Kriegszug nicht unterbrechen, so ist sie zufrieden, dass er gleich am nächsten Morgen weiter zieht, wenn er sie nur vorher heirathet[111]). Sie

---

ferez vo talent com de la vostre drue.« Huon de B. v. 7476 ff. (Tochter des *Yvorin*): »Vauroie ja que li gus fust finé, Si me tenist dejouste son costé, Et puis fesist toute sa volenté.« — Aub. p. 29, 2 ff. *(Frau des Baudouin)*: »Lie la dame cui il venroit à gré Qui une fois en auroit l'amistie; Mieus li vendroit que .m. mars d'or pese«. — Raoul de C. p. 219 v. ff. (Tochter des *Géri*): »Qui le tenroit tot nu soz sa cortine, Miex li valroit que nule rien qui vive.«

107) Fierabr. v. 2822/23 (Floripas): Par devant en la bouce ne l'osa adeser. Pour ce k'ele est paiene, il est crestiennés. -- cf. ib. v. 3752: Tuit armé s'entrebaissent qu'el virent li baron.

108) Elie de S. G. v. 1468 ff.: Rosamonde la bele par les flans l'enbracha, Sor .I. lit l'a assis geteis a cristal; XL. fois li baisse et le vis et la char. Cil li guenchi la bouche, que el n'i adesa. — Siège de B. v. 2815/16 (Malatrie): En la bouche devant ne l'osa adeser Por ce qu'ele ert paienne et il crestiennes.

109) Amis et Am. v. 659/60 (Belyssans): »Il ne me chaut, se li siecles m'esgarde, Ne se mes pere m'en fait chascun jor batre.« — Gaufr. v. 7181/82 (Flordespine): »Bien soi chertainement que je seroi blasmée. Mes n'i donroie pas une pomme parée.«

110) Aiol v. 1790 ff. (Tochter des Tieri): — »Sire, dist la pucele, trop par vos desmentés; Se vous n'avés avoir, Dex vos donra assés, Mais se voliés, sire, avoec nous demorer, »Toudis vos serviroie a vostre volenté.« — Raoul de C. p. 223 v. 22/23: »Trop est haus hom li riches sors Géri, D'avoir sa fille n'iert jà par moi requis«. — ib p. 222 v. 28/29 (Tochter des Géri): »Or voi je bien que vilains provez estes. Se me refuzes, toz t'en venroit grans perte.« — Gaufr. v. 7395 ff. (Passe Rose): »Dame, chen dist Gaufrey, par le cors saint Symon. Vostre amour me donnés ne soi par quel reson: Je n'ei te toute terre vaillant I. esperon, Si voulés que je soie vo sire et vo baron.« — »Sire, dist la puchele, on vous tient à preudon;« cf. Floov. v. 512 ff. (Florote).

111) Gaufr. v 7405—7; 7411. (Passe Rose): — »Dame, chen dist Gaufrey, or oés ma reson: »Volentiers vous prendroi par itele aqueison S'ui vous ai espousée, demain nous en iron.« — Et chele li otroie par bonne entention. —

erkennt ihn als hoch über ihr stehend an[112]) und fügt sich allen seinen Bedingungen. Aber tapfer, männlich schön und von edler Geste muss er immer sein, darüber zieht sie vorher Erkundigungen ein und wenn das zutrifft, ist ihr Herz ihm sofort sicher[113]). Aber nicht immer äussert sich die Leidenschaft des Mädchens so plötzlich. Oft hegt es im Stillen eine jahrelange Neigung für einen Ritter, den es nie gesehen hat, von dessen Muth und Schönheit aber viele Gerüchte zu ihm gedrungen sind[114]). Die Liebende weiss dann geschickt mit dem so Erwählten Beziehungen anzuknüpfen[115]) und erobert ihn fast immer

---

112) Chans. des S. I. p. 214, 8 ff. (Helissant): »Grant honor m'en a feite sanz preu et senz esploit, Qar il n'a pas corage qu'à tel amor s'amploit: Sa valors li ansaigne que plus haut leu covoit.«

113) Raoul de C. p. 218 v. 20 ff. (Tochter des Géri): Dist la pucele: »qui est cis vassax, sire, Que je voi là? Ne me celer vos mie.« »C'est, Bernier, bèle, onques mais nel véistes, Qu[i] aura faites tantes chevaleries.« — ib. p. 219 v. 7 ff. (Tochter des Géri): »Lie la dame que isil aroit prise, Car molt a los de grant chevalerie.« — Jourd. de Bl. v. 1609/10 (Oriabiax): Ne fust si lie por mil mars d'argent blanc, Car or seit bien, qu'il est de franche jant. — Bueves de C. v. 2675 ff. Grant joie ot Malatrie quant de Gerart oï, Que il ert fils Buevon et niés conte Aymeri ... Lors desirra tantost k'eûst Mahom guerpi Et que Gerart eûst à per et à mari. — Foulque de C. p. 107, v. 2/3: »Estourmy, dist Ayglente, et quex homs est Bertrans? Est-il joines ou viex? est-il petis ou grans?«

114) Doon de M. v. 7844 ff. (Flandrine): Et quant Flandrine l'ot, s'a du cuer souspiré Que ch'est cheli du mont qu'ele a plus desiré, Et que on li ot plus et proisié et loué. — Fierabr. v. 2236/37 (Floripas): »Signeur«, dist Floripas, »or dirai mon pense. l. chevalier de France ai lontans enamé.« — Foulque de C. p. 101,5 (Ganite): Ele aime le vallet passé à XIII. mois. ib. p. 107, 9: »Ganite, dist Ayglente, ge l'aime bien à VII. ans. — Gaufr. v. 1682/83 (Flordespine): »J'ai en Franche piecha I. ami chevalier, Qui par nom est nommé Berart du Mont Didier.« — Bueves de C. v. 2686 ff. (Malatrie): »De vous m'ont moult parlé Persant et Arrabi. Moult vous tienent trestout à preu et à hardi, Despuis que vostre afaire et vostre estre entendi, Vous donnai tout mon cuer et ting pour mon ami, Et à la vostre loi toute me converti.« — Gaufr. v. 7400 ff. (Passe Rose): »Je sai bien qu'estez fis au plus noble baron, Qui onques portast armes ne montast en archon.« — »Et mon cors et ma terre met en vostre abandon.«

115) Gayd. v. 8289 ff. (Claresme): »Itant me ditez au riche duc d'Angiers Que, s'à mon tref ose anuit chevauchier, Bien me porra acoler et baisier.« — Gui de N. v. 505/6 (Ayglentine): »Alez mà chel vassal, je vous en weil prier, Qu'il viengne à moi parler, moult en ai grant mestier.«

mit List und Kühnheit[116]). Helden von namhaftem Ruf oder Rang sind als Gatten ersehnt und werden viel umworben[117]). Es kommt vor, dass sich hundert Damen in einen so Bevorzugten verlieben und ihn alle zugleich wünschen, ohne dass er ihnen jemals zu Gesicht kam[118]). Jede will ihn sofort und ganz besitzen; heftige Eifersucht trifft die von ihm Begünstigte. Die eifersüchtigen Mädchen gehen mit Schmähreden und Drohungen, sogar mit Thätlichkeiten erbittert gegen einander vor[119]); sie müssen gewaltsam getrennt werden[120]). Keine will von dem einmal erkorenen Manne lassen[121]). Nicht selten ist der Fall,

---

116) Amis et Am. v. 696 ff. (Belyssans): »Sire, dist elle, un petit m'entendez. Voz aviiez le mien cors refusé, Par bel engieng voz ai prins et maté. D'or en avant, s'il voz plaist si m'amez Et si, soiez mes drus et mes privez.« — Fierabr. v. 3496 ff. (Floripas): »Que ferés vous, fait ele, nobile chevalier? Lairés vous dant Guion devant vouz escillier? Par icil saint apostre qui tout a à baillier, S'il i muert, tous li mons ne vous puet respitier, Que je de ceste tour ne me lais tresbucier.«

117) Aiol v. 1802 ff. (Tochter des Tieri): »Tote lasse caitive, com m'est mal encontré Del plus bel chevalier qui onques mais fu nés! Com fuisse ore garie s'il me daingast amer.« — ib. v. 2195/96 (Lusiane): »Lasse,« dist la pucele, »com laide cance Quant je le voil amer et l'ui n'en membre.«—Floov. v. 445/46 (Maugalie): »De toi feroi mon dru et mon confanoneir, Si saras an ma chambre mes maitres consoiliers.« — ib. v. 506/7 (Florote): »Car me baisiez, bau sire, dit Florote au cors gant; Il n'ai ome an cest segle que je dessiere tant.«

118) Gui de N. v. 155 ff: Quer sachiez de verté, se je dire le weil, Qu'en tout le premier an a pris Gui tel escueil, Qu'en parole de lui entresi à Corbueil; C. damez le couvoitent ains nel virent de l'ueil.

119) Floov. v. 642 ff: Maugalie fut fiere qui premiere parlai: »Car plaüst à Maon, qui le segle estora, Ce soudoiiere de France qui prouz est et loiaus Qu'i m'éut prisse à famme, à moilier principel.« — ib. v. 648 ff: »Dame, ce dit Florete, vos avez trop grant chaut. Il est droiz à paien, quant sa fanme prise ai, Que il la tene tant que ele anprenerai; Puis an panrai il III. ainçois que li anz part.«— ib. v. 654 ff: Quant l'antant Maugalie, durement la pesai. »Por ma foi, damoiselle, moult sont vilains vos gas. N'ai pas ancor I. mois, vos parlates tot d'aul: Je vos vi à la court mon pere l'amiraur A .c. et à .L. trestote communaul, Chacuns por I. denier comme fanme venaul.« »Dame, ce dit Florote, vos me dites grant maul, Por riens que m'aiez dit ne sarai moins loiaus.«

120) cf. Floov. v. 670: Jai venisent ansanble quan l'on les dessevrai.

121) Aiol v. 8031 ff. (Lusiane): »Damoisele d'Espaigne, jel vos voil calengier: Si vos desfenc de Dieu le pere droiturier, Des martirs et des virgenes qui tant font à proisier, Que ne prendés Aiol, che gentil

dass Mutter und Tochter in Leidenschaft für einen und denselben Ritter entbrennen. Gewöhnlich verzichtet da die Frau zu Gunsten des Mädchens[122]), es kommt aber auch vor, dass die Mutter bei ihrer Liebe beharrt und ohne weiteres das Recht in Anspruch nimmt, den Geliebten zu heirathen[123]). Die Tochter tritt entweder energisch für ihre Neigung ein[124]) oder tröstet sich dann rasch und nimmt mit einem Anderen vorlieb, der sich ihr grade bietet[125]). Stellen sich einer Liebenden grosse Schwierigkeiten in den Weg, die den Geliebten unerreichbar für sie machen, so ist sie wohl ganz unglücklich[126]) und leistet im ersten Schmerz den Schwur sich nie zu vermählen[127]); aber sie hält

---

chevalier. Certes jel doi avoir, jel deservi premier; Et se vous le prendés, se Dieus me puist aidier, Je vous ferai a honte tous les membres tranchier.« — Floov. v. 3000/1 (Florete): »Volontiers vos préise, si vos fut à talant; Quant ne vos puis avoir, le cour an ai dolant.«

122) Hug. Cap. v. 2421 ff. (Blancheflour): »Par Dieu, se ne cuidoie c'on m'éuist escharny, Vollentiers le prendroie à per et à mary.« Quant Marie l'entent, tout ly sans ly fermy; Adont dit à se mere si hault qu'ele l'oy: »Dame, dist le pucelle, par le cors saint Remy, Ly XVII. ans si sont passé et acompli, C'un baron me fauroit preus et amanevy, Comme est Huez Capez: me dame je vous prie Que vous prenez ung aultre et Huez soit pour my.« Quant la dame l'entent, tout ly frons ly rougy. Longue pieche se teut que nul mot ne rendy, Et cant elle parla, si dist bas et sery: »Fille, dist le roïne, par Dieu qui ne menty, Il ne vous cault des aultrez le vo bon soit emply; Plus quier avez ung bien pour vous que pour aultruy.« — cf. Girb. de M. Hs. O 117 a v. 14/15: *Frau und Tochter des* Anseis *sind zugleich in* Girbert *verliebt*: Quant ont noveles de Girbert entendu Chascune peine de l'amiste au duc. — ib. 117. b. v. 12/13: Andui se peinent de l'amor au baron, L'une vers l'autre ot ire et contençon. *Schliesslich bescheidet sich aber doch die Mutter.*

123) Aub. p. 149, 27 ff. (Guibors): »Sire«, dist elle, la vostre grant merchi! A mon vivant Bavicre vos otri, Et serés rois ains I. mois et demi.« Dist Seneheus »par foi et je l'otri.«

124) Girb. de M. Hs. O 117 c v. 13 ff. (Tochter des Anseis): »Que vielles meitent trestot le mal en terre Mari avez et volez dru feire. Dex que ne set li rois ceste novele Il vos feroit les denz sachier et treire.»

125) Aub. p. 150, 15: *Nachdem* Auberi *der zuvor in ihn verliebten* Seneheus *den* Gaselin *als ihren Gatten bezeichnet hat*: Seneheus l'oit, grant joie en demena.

126) Raoul de C. p. 243, 17/18: »Drois empereres, par le cors Saint Richier, Ceste pucele si s'ocist pour Bernier.«

127) Floov. v. 2209 ff. (Florete): »Merci, bau sire peres, por Deu omnipotant, Se vos ne me donez lou marchis Floovant »Je n'aurai mais

ihn nicht. Denn der Hauptzweck des verliebten Mädchens ist in allen Fällen die Ehe. Sie besinnt sich daher meistens recht rasch[128]) und nimmt gern einen anderen Ritter, den man ihr grade bietet[129]). Es kommt vor, dass eine Frau unmittelbar hintereinander dreimal ihre Wahl ändert[130]). Die Hauptsorge der Dame ist eben nur, sich ein Eheversprechen von Seiten eines Ritters zu sichern. Die Heidin lässt sich erst dann herbei das Loos eines Gefangenen zu mildern, wenn er ihr die Heirath verbürgt hat[131]). Verleihung von Rüstung und Waffen, Befreiung, auch wohl Lebensrettung setzt sie als Preis des Eheschwures[132]). Bis zum erfolgten Ehegelöbniss ist die Frau mit ihrer Gunst äusserst karg und zurückhaltend[133]). Dass ein

---

mari an trestot mon vivant.« — Aiol v. 3123/24 (Lusiane): »Car plus l'aim que nul home que Dex feist; Ne ja, se je ne l'ai, n'arai mari.«

128) Aiol v. 8124 ff. (Lusiane): »E Dieus!« dist la pucele, »or seroie garie »Se j'estoie acordée a la france mescine. »Damoisele d'Espaigne, trop vos ai fait marie, Trop vos ai orendroit a grant tort laidengie: »De chou que vous ai dit ne vos corechiés mie. »Or en prendés mon droit, j'en sui preste et garnie, Que je le vos amenc voiant la baronie.« *Ihre Eifersucht ist also erloschen, und das Versprechen des* Aiol v. 8119 *scheint dazu beigetragen zu haben:* »Or li dorons tel home qui manans soit et riches.»

129) Floov. v. 2248/49 (Florete): *Als der Held der ihn aussichtslos Liebenden seinen Genossen* Richier *in Vorschlag gebracht hat, erklärt sie:* »Sire, dist la pucelle, je le voul ausimant, Quant autre ne pout estre, à Richier me commant.«

130) Gar. Loh. II. p. 12 v. 13 ff. (Blancheflor): *Die dem* Garin *Verlobte wird von diesem selbst aufgefordert,* Fromons *zu heirathen:* »Sire, dit elle, je ferai vo plaisir.« *Als schliesslich der Kaiser selbst um sie wirbt, nimmt sie auch hier gleich an* (p. 13, 19): »Sire, dist elle, la vostre grant merci!«

131) Huon de B. v. 5890 ff. (Esclarmonde): »Se me voliés plevir et créanter Que, se poiiés de çaiens escaper, Vous m'enmerriés o vous en vo regné, Par Mahomet, je ne vous queroie el; Se chou me veus otroiier et gréer, Je te donrai à mengier à plenté.« — Prise d'Or. v. 1374 ff. (Orable): »En moie foi, dist la roïne Orable, Se ge cuidoie que ma paine i fust sauve, Que me preïst Guillaumes Fierebrace, Ge vos metroie toz trois hors de la chartre.«

132) Jourd de Bl. v. 1725 ff. (Oriabel): »Je voz donrai armes à vo plaisir, Par tel couvent com jà voz sera dit. Voz me venrez et jurer et plevir, Que voz aurai loiaument à mari.«

133) Siège de B. v. 2088 (Malatrie *sagt, als* Limbanor *einen Kuss erbittet*): »Cestui auroiz et autre, quant deservi l'avez.« — Aub. p. 147,15 ff. (Guiborc): *Als* Auberi *einen Kuss erbittet:* Dist Guibors: »sire, ce

Mädchen dem Geliebten ihre volle Gunst schenkt, ohne sich zuvor seine Treue verbürgen zu lassen, wird nur ein einziges Mal erzählt[134]). Gleich nach erfolgtem Versprechen trägt aber die Liebende wohl selbst dem Manne Kuss und Umarmung an[135]). Die Sorge, dass er ihr entgehen möge, bleibt[136]) und immer dringt sie auf schnelle Heirath[137]): wenn möglich soll der Geliebte sie gleich mit sich nehmen[138]. Die Heidin kann die Stunde der Taufe und der sich unmittelbar daran anschliessenden Trauung garnicht erwarten[139]).

Dem Ritter, der ihr die Ehe gelobt hat, ist die liebende Frau durchaus treu ergeben [140]). Laut spricht sie ihre Sehnsucht

---

n'a ore mestier. Tout vostre aaige serois a chastoier. Aures vos donc tous tens le cuer legier?« — ib. p. 147, 26 ff. (Guiborc): »Vos me prendrés à per et à mouillier. La folle amor deveries bien laissier. Et loiauté et prendre et enbrachier.« — *Als* Auberi *dies versprochen hat*: p. 148, 19/20: »Sire,« dist elle, »vos l'aures sans targier.« Tendi la bouche, si la courut baisier.

134) Chev. Og. v. 83 ff. (Beatrix): Vers lui se torne li Danois d'utre-mer; Chele le baise, qui mult l'ot ename: En cel baiser et en cel acoler En fist Ogier totes ses volentés; Cele nuit fu Bauduinet engenrés.

135) Jourd. de Bl. v. 1759 ff. (Oriabel): Une colée li donna maintenant: »Chevaliers soiez, dist la dame au cors jant. Que Dex te doinst honor et hardement, Et s'uns baisiers voz venoit à talant, Sel preïssiez et des autres avant.«

136) Doon de M. v. 3910/11 (Nicoleite): »Amis, me leirés vous? Chen comment avendra? Se je sans vous remaing le cuer me partira.«

137) Raoul de C. p. 228 v. 2 ff: »Mais c'il vos plaist, I. respit me donnez, Tant que j'en aie à ma dame parlée.« Cele l'otroie, dont puet li plais ester.« *Darauf erwidert die Tochter des* Géri: »Sire, fait-ele, por noient en parlez.« — ib. p. 234 v. 14 ff. (Tochter des Géri): »A Saint-Quentin m'en irés à Bernier, Et se li dites molt me doi mervillier Quant de ces noces a si longes targié.«

138) Gayd. v. 8916 ff. (Claresme): Iluecques ont lor amors devisé. Et quant il ont ainsiz assez parlé, Puis li a dit: »Avez voz apresté Comment serons dedens Angier porté?«

139) Fierabr. v. 3367/68 (Floripas): »Ja devoie je estre au baron mariée, Et en saintiesmes fons bautissie et levée!« — *Gleich nach dem Tode ihres Vaters*: v. 5991/92: Floripas la cortoise a Rollant apelé: »Sire, mon convenant voel que vous me tenés.«

140) Raoul de C. p. 144 v. 14/15 (Helvis): »Por seul itant que je sui vostre amie, N'aurai signor en trestoute ma vie.« — ib. p. 225 v. 14/15 (Tochter des Géri): »Miex volsisse estre ou arce ou desmenbrée D'autre de vos fuse jà mariée.«

aus, wenn er fern weilt[141]). Sie duldet ungern, dass er sich in Gefahr begiebt[142]) und folgt ihm in dieselbe, ja sie würde mit ihm durch's Feuer gehen[143]). Sie betet für ihn im Kampf[144]), untersucht ängstlich den Zurückkehrenden, ob er verletzt ist[145]). Sie räth ihm, warnt ihn[146]), unterstützt ihn im Streit selbst gerüstet und gewaffnet[147])) Bevor sie mit ihm in den Tod gehe, möge er sie noch einmal küssen, fleht die Liebende[148]). Wird ihr der Geliebte entrissen, so stirbt sie vor Schmerz[149]; verlässt er sie treulos, so nimmt sie den Schleier[150]). Seine Rettung will sie selbst mit dem Verlust ihrer Ehre erkaufen[151]).

---

141) Raoul de C. p. 234 v. 8 ff. (Tochter des Géri): »Amis, distele, verrai vous-je jamais? Diex! c'or ne sui esmerillons ou gaie, Jà ne féis desqu'à vos c'un eslais.«

142) Fierabr. v. 3954 ff. (Floripas): Et respont Floripas: »Ja ne sera pensé, Ains remanrés chaiens trestout à sauveté, Si porrés vostre amie baisier et acoller.«

143) Doon de M. v. 4017 ff. (Nicoleite): Et Nicoleite aprés, qui tant l'ot aamé Que se Doon entrast en .I. feu alumé, Si alast ele uprès, le front en haut levé.

144) Ot. v. 1460/61 (Belissent): Dit la pucele: »Mult m'en vais esmaiant. Sainte Marie! mon ami vos commant.«

145) ib. v. 1312 ff. (Belissent): La fille Karle li cerche les costez, Que il ne soit ne plaiez ne naffrez.

146) Aiol v. 6721/22 (Mirabel): »Che ne sont mie moigne qui chi sont herbergié. Ains sont XII. laron, traitor renoié.«

147) ib. v. 5978 (Mirabel): »Prestés moi cele hace, que je vous voil aidier.« ib. v. 7481/82 (Mirabel): »Le harnas conduirai volentiers et de gré: A guise d'escuier me convient atorner.«

148) Fierabr. v. 3750 (Floripas): »Amis, c'or me baisiés ains que nous i muirons.«

149) Doon de M. v. 4157/58 (Nicoleite): De l'angoisse qu'ele a, le cuer li faut atant, Et l'ame s'en depart tantost de maintenant.

150) Raoul de C. p. 67, 22 ff: »Et quant il vost, autre feme reprist: Donner li vost Joifroi, mais ne li fist: Nonne devint, le millor en eslist.«

151) Huon de B. v. 6854 ff. (Esclarmonde): »Signour, dist ele, merchi por l'amor Dé! De mon cors faites toute vo volenté; Mais que ne fuites au damoisel nul mel.« — Aiol v. 6906 ff. (Mirabel): »Car vous en alés ore tout chest anti sentier. Vous avés boin cheval, si escaperés bien; Mieus voil estre honie à tort et à pechié Que soiés por m'amor ochis et detranchiés.«

Alle anderen Bewerbungen weist die Verliebte ab[152]), selbst wenn der Kaiser sie begünstigt[153]). Lieber will sie das Kloster wählen als den Erwählten aufgeben[154]). Verhassten Anträgen weiss sie mit List zu entgehen[155]), unbequeme Bewerber dadurch hinzuhalten, dass sie thörichte Hoffnungen in ihnen erweckt[156]). Dafür verlangt sie aber auch makellose Treue ihres Verlobten[157]). »Du magst mich verkaufen oder verpfänden wie Dein Ross,« mahnt sie ihn, »nur darfst Du keine Andere für mich eintauschen.« Wird die Liebende von dem Erkorenen im Stich gelassen, so hat sie für ihn den Mord bereit[158]).

---

152) Raoul de C. p. 144 v. 19 ff. (Helvis): »Vos me jurastes dedens une chapele. Puis me requist Harduins de Nivele Qui tint Braibant cele contrée bele; Mais n'el presisse por l'onnor de Tudele.«
153) Gui de N. v. 798 ff. (Eglentine): »Sire par tous lez sains qu'en prie en chou moustier, Je nel prendroie mie pour lez membrez trenchier.« — Gayd. v. 8579 ff. (Claresme): »Par le seignor c'on laiens sacrefie, Que miex voldroie c'on m'éust enfoïe Que ja à fame m'aiez jor de ma vie.«
154) Aiol v. 5181 ff. (Lusiane): »Se ne vous doi avoir, ne place Dameldé Que j'aie mais signor en trestout mon aé. Ançois serai rendue a .I. de ses ostés.«
155) Gui de N. v. 1947 ff. (Esglentine): Dont parla la pucele ne fu pas esgarée: »En nom Dieu, emperere, forment sui trespensée; Ains femme de mon pris, qui roïne est clamée, Si seulement de dames ne fu mès mariée. Quer priés au baron cui doi estre donnée Qu'il mandast les pucelez de toute sa contrée.«
156) Chev. Og. v. 2771 ff. (Gloriande): — »Sire, dist-ele, grans honors vos abondé! Au repairer me vos en irai encontre; Si vous prendrai, car mes peres m'i done.« — Gayd. v. 6806 ff: Et dist Claresme: »Or avez bien parlé; Mais ainz voldrai savoir vostre bonté, Vostre cors voir sor le cheval armé, Tant que aiez par devant moi jousté.« — Gui de N. v. 1686 ff. (Esglentine): Dont parla la pucele qui le glouton fabloie, Et a dit à Hervieu: »Bailliez chà vostre doie, Par foi vous pleviroi, quel fole que je soie, A mari vous prendroi, qui qu'en ait duel ne joie.« — Gaufr. v. 1672 ff. (Flordespine): »Quant il ara la terre et le païs plenier Et m'ara Kallemaine amené prisonnier, Adonques me porra à joie nochoier.«
157) cf. Aub. p. 252, 16 ff. (Seneheus): »Gasseline, sire, moult vos doi avoir chier. Vous me poés et vendre et engagier Si cuitement comme vostre destrier. Mais d'une chose vos voudroie proiier, Que par nul'autre ne me vueilliés changier.«
158) ib. p. 127, 4 ff. (Frau des Baudouin): »Ains la contesse ne se sot tant pener, Que seul à seul s'i peust deporter. Dont se porpense coment pourra ouvrer, Coment pourra Auberi afoler. —

2. Verhalten des Geliebten.

Der Mann wird im Allgemeinen als kalt in der Liebe gezeichnet[159]). Sehr selten ist von der Sehnsucht eines Ritters nach Frauenliebe überhaupt die Rede[160]) und nur ein einziges Mal wird ein ganz verliebter Held geschildert[161]). Sonst zieht der junge Recke ernstere Fragen vor: erst will er Waffenruhm erwerben, reiche Beute machen[162]). Er hält die Liebe für überflüssig, ja er hegt gradezu die Meinung, dass sie ihn zu dem, was er für seine eigentliche Lebensaufgabe hält, unfähig mache[163]). Auch fürchtet er die Treulosigkeit der Frau[164]). Lässt er sich

---

159) cf. Girb. de M. p. 529, 1 ff. Fouchier *hat seine Tochter an das Bett des* Girbert *geführt*: Por votre cors et dedure et servir Fis a baron couchiés vos avoc li. *Aber* Girbert *nimmt das Erbieten nicht an.* — Amis et Am. v. 674 ff: Et dist li quens: »qui iez tu envoisie, Qui a tele bore iez delez moi couchie? Se tu iez fame espeuse nosoie Ou fille Karle qui France a en baillie, Je te conjur de Deu le fil Marie, Ma douce amie, retourne t'an arriere.«

160) Aub. I. p. 20, 19 ff: »Les beles dames doit on tantost amer Et les puceles servir et hounerer. Por bele dame doit on en pris monter; Il la fuit bon baisier et acoler.« Gar. Loh. I. p. 46, 6; p. 47, 1: L'abé apele où forment se fia. »Querrez moi fame, mes cors mestier en a.«

161) Gar. Loh. II. p. 3, 17; p. 4, 1 ff: Il li regarde et le cors et le le vis, Et nes et bras, le menton et le cors; Les mammelettes il vit amont sallir Que li soslievent le peliçon hermin. Se il ne l'a, molt se prise petit: Embrasés est de s'amor et sosprins. En son palais arrieres s'en revint, Icelle nuit ne put onques dormir.

162) Aiol v. 1796 ff.: »Par le foi que doi de, vous me dites, bonté, Mais ne plache a Jesu qui en crois fu penés, Que ja aie je feme dont soie mariés, Tant qu'aie par mes armes autre honor conquesté.« — Girb. de M. Hs. O 120b v. 12 ff. (Tochter des Anseis): En nul pais n'estoit fame plus bele. Gerin la voit, son cosin en apele: »Si m'aist dex, ge voi une pucele Plus bele fame ne convient il a querre.« Et dist Girbert: »Por deu le roi celestre, Plus me tret ore le cuer a autre afaire, Si m'aist dex, n'a tel cheval en terre, Con est Flori james ne le quier perdre.« — Prise de Pamp. v. 498 ff: »Or saciés que jamés je ni amoi grand repois Ne trou desdut de dames, mes en stor e en tornois Me sui je delitié de portier mes ernois.«

163) Aiol v 2220/21: »Car amistet de feme fait tout muer Le corage de l'home et trestorner.« — Girb. de M. Hs. N 127d 31: »Et trop sejorne home quant il prent fame.«

164) Girb. de M. Hs. O 124a 4: »Voir«, dist Fromond, »fole chose a en fame.« — Gayd. v. 8588: Engiens de fame maint saige home cunchie. — ib. v. 9020: Qui fame croit, on le devroit noier. — Foulque de C. p. 51, 25 »Ha las! pechierre! com set femme engignier.« — Raoul de C. p. 226 v. 8: »Com par est fox li hom qui feme croit.«

von ihr zur Liebe verleiten, so sucht er Vortheil dabei; Befreiung aus Feindesgewalt, Besitz, Land und Leute[165]. Er entschliesst sich sehr selten zu werben und lässt vielmehr die Frau sich um ihn bemühen, oft auch vergebens[166]. Ein Held weist wohl mehrere Bewerberinnen hintereinander ab[167]. Das Unweibliche, welches in der Werbung der Jungfrau liegt, kommt dem Ritter zu Bewusstsein, und er rügt es an ihr[168]. Ein Zugeständniss wird ihm oft nur durch die Noth, durch Drohungen oder List von der Liebenden abgewonnen[169]. Er bleibt aber auch wohl aus Pflichttreue oder Grundsatz gegen die verlockendsten Anerbietungen des Weibes gefeit[170]. Die Sinnlichkeit des Mannes ist überhaupt sehr selten betont[171]. Nur heidnische Ritter oder Räuber werden mit Vorliebe als sinnlich gezeichnet[172]. Zuerst will der christliche Held nichts von der Liebe der Dame wissen,

---

165) Huon de B. v. 5894 ff. (Esclarmonde): »Se chou me veus otroiier et gréer, Je te donroi à mengier à plenté« »Si ferai jou toute vo volenté«, *erwidert* Huon. — *Die Damen müssen immer ihren Besitz anbieten, um Liebe zu erringen*: Foulque de C. p. 38, 5/6 (Anfelise): »La moie amour l'en metrai en ostage, Que l'en donroi Candie en mariage « — Gui. de N. v. 549; v. 552 (Eglantine): »Sire, dist la pucelle, toute m'avez conquise.... Se vous voulez ma terre, vous iert à bandon mise.«

166) Floov. v. 506 ff. (Florete): »Car me baisiez, bau sire, dist Florote au cors gant, »Il n'ai ome an c'est segle que je dessiere tant.« — »Povres ons d'autre terre, soudées conqueranz, Ne doit fuire tel chose don lou héent la gant« *entgegnet* Floovant.

167) cf. Aiol v. 2215: Que cesti ne nule autre ne vout amer.

168) Gayd. v. 8268: »Fame qui prie si fait grant desverie.«

169) Fierabr. v. 2812 ff. (Floripas): Et jure Mahomet: »Se vous ne me prenés, Je vous ferai tous pendre et au vent encruer.« »Sire Guis, dist Rollans, faites nos volentés. Sire, ce respont Guis, si soit com vous volés.«

170) Amis et Am. 630 ff. (Belyssans): 636 ff.: «Trestout mon cors voz metrai à bandon. Dist li cuens: »damme, ci a grant mesprison. Jà voz demande li fors rois d'Arragon Et moi volez qui n'ai un esporon Ne borc ne ville ne chastel ne donjon, Onques ne vi mon feu ne ma maison. Je nel feroie por tout l'or de cest mont; Mais je serai ma damme, li vostre hom, Servirai voz à force et à bandon; Car ce doi je bien faire.«

171) *Nur*: Huon de B. v. 9070 ff.: Car Hues eut trop legier cuer d'asés; S'aveuc géust, il ne laisast ester, S'en éust faite toute sa volenté.

172) *Nur solche kommen überall da in Betracht, wo eine Dame in Gefahr ist, durch Gewalt ihre Ehre zu verlieren*: cf. Aiol v. 6320 ff.; Chev. Og. v. 11,950 ff.; Floov. v. 215. ff.; Hug. Cap. v. 417 ff,; Berte as gr. p. v. 943 ff.

bis schliesslich ihre Leidenschaft ihn ansteckt[173]). Der Geliebte ist oft säumig, nachlässig[174]), zu wenig zärtlich, so dass die Frau ihn tadeln und zu Liebkosungen auffordern muss[175]). Ein Stelldichein kommt immer nur durch die Bemühungen der Damen zu Stande[176]), und nur sie sind ungehalten, wenn es rasch gestört wird[177]). Wo der Mann überhaupt ein Weib begehrt, tritt er doch kaum als werbend auf. Er weiss, dass er der Gunst der Frauen sicher ist[178]); sie machen es ihm leicht; er kann unzählige besitzen, wenn er aus edler Geste ist[179]). Eine ursprüngliche Weigerung der Erwählten besiegt er rasch durch Proben seiner Ritterlichkeit[180]). Nur wer einer Sippe der

---

173) Gayd. v. 8414: »Quant Gaydes l'oit si fu enamorez.«

174) Chans. d. S. I. p. 215,8 ff. (Sebile): De Baudoin li membre qi trop tarde et atant; Son vuel fussent-il or tuit .IV. à parlemant, Crient ne l'ait oblié par aucun pansemant. — ib. I. p. 237, 4/5 (Sebile): »Baudoin, dist Sebile, droiz est c'on vos assait. Amors vuet c'on la serve et losange et rapait.«

175) Fierabr. v. 5386 ff. (Floripas): »Ahi! Gui de Borgoigne, com m'avés oubliée, Que ains ne fu ma bouce de la vostre adesée. Gentix dux car me baisse, si serai saolée. Com s'avoie mengie gelines en pevrée.« — Gui de N. v. 1344: Ayglentine s'escrie: »Amis, quer me baisiés.«

176) Gayd. 6289 ff. (Claresme): »Itant me ditez au riche duc d'Angier, Que s'à mon tref ose anuit chevauchier Bien me porra acoler et baisier.« — Bueves de C. v. 3224 ff. (Flandrine):« Se Gerars est si preus com vous me recordés, Sachiés qu'il ne leiroit pour l'or de dis cités, K'à vostre mant ne viengne.« Grant joie ot Malatrie quant Flandrine escouta, Forment li plot la chose que ele li loa. Trestout ainsi le fist qu'ele li conseilla. — Foulque de C. p. 38,3 (Anfélise): »J'irai à lui: ne veuil que Turs le sache.«

177) Bueves de C. v. 3751/52: Lor elmes relacièrent, mais n'i ot damoisele. Cui li partirs n'anuie. — Chans. d. S. I. 238,10: Congié prist à Sebile, qi molt remest dolante.

178) Hug Cap. v. 605: Se ly une reffuse, ly autre s'y assent.« cf. Weinhold. I. p. 239.

179) Gaufr. v. 4923 ff.: Ches damez l'esgardoient de lor soliers plus grant, Et dist li une a l' autre souef et beiement: »Qui tel ami aroit bien aroit son talent; Moult est liée la dame à qui il est amant.« — Gar. Loh. II. p. 14,14: »Se vollez feme, vous en averez dis.« — Gar. Loh. I. p. 150 v. 6 ff. »Tort en éustes, pur Dieu, sire cosins. De grant folie vous estes entremis; Cuidiez vos bien or à feme faillir? S'en voliez une, vous en auriez dis.« — Huon de B. v. 7991 ff.: Dist l'ne à l'autre »Voiés bel baceler! Con li avient ses armes à porter, Con bor fu née qui il vaura amer!«

180) Aiol 5599 ff. (Mirabel, *die die Werbung des Helden anfänglich*

Verräther angehört, wirbt ganz erfolglos[181]). Dagegen giebt es Helden, die gradezu unwiderstehlich sind und durch ihr blosses Erscheinen überall das Herz der Damen gewinnen[182]). Vor allem erregen Frankenritter durch ihre Liebenswürdigkeit gleich die Neigung heidnischer Mädchen[183]).

Gegenüber der Leidenschaft der Frau braucht der Ritter oft allerlei Ausflüchte[184]). Wie der Mann dem Weibe überhaupt ist er als der Liebenden überlegen gezeichnet[185]). Er stellt seine Bedingungen[186]), verfügt über sie. Eigenthümlich ist die Sitte heidnischer Liebhaber, ihre Braut als Siegespreis beim Zweikampf auszusetzen[187]), ja jene dem christlichen Gegner förmlich anzubieten[188]).

---

heftig zurückwies, spricht, als sie seine Waffenthaten sieht): »Sire venés vous ent qui preus estes as armes, Por vous, querra je dieu le pere esperitable.« — v. 5619. »Sil vos vient à talent, quitement sui vo drue.«

181) Gayd. v. 8635/36 (Claresme): »Moult miex voldroie avoir le chief copé Que cil traîtres jéust à mon costé.« — Aye d'Avign. v. 293 ff. (Aye): »Miex voldroie estre nonne ou sans segnor tous dis, Que je fusse ajoustée à la geste Aulori.« — Gui de N. v. 804; 810 (Ayglentine): »Guenelon fu ses oncles, ne le puet nus cheler, Toute France a honnie, si m'i voulez donner!«

182) Hug. Capet v. 324 ff.: Car tant estoit de corps bien fais et sus et jus, Et plaisans en cez dis, sanz nul mauvais argus, Qu'à damez, à pucelles avoit leur cuers tollus.

183) Bueves de C. v. 3689 ff. (Flandrine): »Car pleüst à celui en cui il sont creant Qu'il fussent nostre ami tousjours à remanant Car moult samblent bien estre en tous bien entendant.«

184) Floov. v. 512/13: »Povres ons d'autre terre, soudées conqueranz Ne doit faire tel chose don lou héent la gant.«

185) Aiol v. 2183 ff. *Der Held schickt die um Liebe werbende Lusiane einfach fort*: »Car vous couchiez huimais bien en est termes, Laiens en vostre cambre o vos pucheles.« — Reine Sib. p. 311,12 ff: »Ralés vos an pucele, ne soiés pas laniere, Gardés vo pucelage, trop me semblés legere. Que ne vos ameroie por tot l'or de Baviere.«

186) Gar. Loh. O. 118 a. .v 12 ff.: »Mes autre chose por noiant i querrez, De quoi ge soie honiz ne vergondez« — A cez paroles s'en est Girbers tornez, Tote dolente la reïne remest.

187) Bueves de C. v. 2564. *Limbanor sagt dem Gerart vor Beginn ihres Zweikampfes:* »Wenn du Mahomet annehmen willst: M'amie vous donrai qui a les cheveus blons.«

188) Chev. Og. v. 1725 ff. cf. Ot. v. 495 ff. *Hier bietet Roland in ganz derselben Weise dem Otinel seine Cousine zur Heirath an, wenn er Christ werden wolle.*

Sehr selten erscheinen verliebte Ritter[189]). Aber auch bei ihnen ist die Einleitung des Verhältnisses fast immer durch die Dame erfolgt. Der Geliebte eilt auf ihre Einladung zum Stelldichein, ist wie sie beim ersten Anblick von Liebe ergriffen und überaus zärtlich[190]: aber die eigentliche Werbung muss schliesslich doch wieder die Frau übernehmen, indem sie ihn um ein Eheversprechen angeht[191]). Hat der Geliebte dieses einmal geleistet, so ist und bleibt er der Erwählten treu und für alle anderen Bewerbungen taub[192]). Er stellt sich nun mit Leib und Seele seiner Dame zur Verfügung[193]), vollzieht ihre Befehle, gehorcht ihren Launen[194]). Er wünscht nun selbst, seine Liebe durch Muthproben zu erhärten[195]) und begiebt sich, um zu der Ge-

---

189) Gayd. v. 8414: Quand Gaydes l'oit si fu enamorez. — Jourd. de Bl. v. 3350/51: Por sa biauté l'a si fort enamée, Qu'il la requiert chascun jor ajornée. — Berte a. gr. p. v. 2672 ff.: Et li rois assez tost entre ses bras la prent. Et quant Berte voit ce, moult ot grant marement, Damedieu reclama, qui maint ou firmament Et Pepins li requiert pour Dieu k'à lui s'assente, Et que de son vouloir faire ne soit pas lente. — Aub. p. 72,4: »Dame, dist il, moult vos ai desirée.«

190) Gui de N. v. 547/48: »Il n'a sous ciel puchele, tant soit blanche ne bise, Que je miex aim de vous, ne fache son servise.« — Auberon v. 881 ff.: »Dame, dist il, par dieu qui fist rosee, Sachies de voir, de cuer et de pensee Parfaitement vous ai m'amour donnee. Qu'en vo cuer soit pour moi pites posee«. — Gayd. v. 8910/11. 8915 (Claresme): Et dist la danme: Or ne me soit celé »Se vos m'avez point de fin cuer amé...« »Certez, ma danme, m'amor voz ai donné.«

191) Gui de N. v. 557/58 (Ayglentine): »Sire, dist la pucele, vous l'estuet fianchier. Volentiers, par ma foi, che dist li fix Garnier.«

192) Floov. v. 515 ff. (Florote): Et respont la pucelle: »Or soit vostre talant. Ce est por Maugalie où vos parlestes tant. Bien la devez amer, car elle ai le cors gant.« — Aiol v. 8025/26 (Lusiane klagt ebenso vergebens): »Quant feme volés prendre et moi volés laisier, Ja Dex ne vos pardoinst à nul jor le pechié.«

193) Chans. des S. I. p. 119/6,7 (Sebile): »Toz voz bons poez faire de mon cors et de moi.« »Certes, dist la roine, refuser ne le doi.«

194) Aub. p. 72,21 ff. (Frau des Baudoin): La dame pense .I. moult merveilleus dis, Esprouer vuet se il est si hardis, Com il avoit et le los et le pris. — *Sie sendet ihn gegen ihren Gatten in den Kampf:* p. 73,19 »Por les sains dieu, dame,« dist Auberis, »Voles vos donc que soie mors ne pris?« *Er entschliesst sich aber doch dazu.*

195) Gayd. v. 9272/73: »Dame, dist Gaydes, por vostre acointement, Ferrai .I. cop ainz que soie fuiant.«

liebten zu gelangen oder ihr zu gefallen in jede Lebensgefahr[196]). Er tritt als ihr Beschützer selbst mit seinem Leben für sie ein[197]). Er ist ausser sich, wenn sie ihm entführt wird. Da findet er keine Ruhe mehr, bis er sie befreit hat[198]) und wieder mit ihr vereinigt ist, und gross ist dann seine Freude. Immer ist er voll zärtlicher Besorgniss um die geliebte Frau[199]): in gemeinsamer Noth sucht er sie zu trösten.

Aber die Leidenschaft des Mannes ist doch nicht so stark wie die der Liebenden. Der Mann eilt gar nicht mit der Verlobten vereinigt zu werden: er will erst seine Pläne verfolgen, dann sie heirathen[200]). Geht eine Verbindung zurück, so ist höchstens das Mädchen darüber unglücklich[201]) Ueber den Tod der Liebenden tröstet der Held sich schnell[202]). In seiner Jugend

---

196) Chans. des S. I. p. 114,6 ff. (Helissanz): »La roine Sebile vo consoille et ansaigne; Que por li passez Rune ançois qu'autres l'apraigne. Ele sera à vos, à perte et à ganigne.« *Baudoin ist gleich entschlossen.* — Aub. p, 49,10. ff. (Frau des Baudoin): »Vos li dirés, ne li celeres mie, Qu'il viengne·a moi autresi come espie, S'nit esclavine, con venist de Surie.« *Der Held erfüllt die gefährliche Forderung.*

197) Gui de N. v. 1345 (Ayglentine) »Vous m'uvez bien rescousse, Dex en soit graciez.« — ib. v. 1302 ff: Qui fiert .I. chevalier qui avoit à nom Hue, Trez devant Ayglentine à sez piez mort le rue. Hervieu monte ou cheval, de mautalent tressue, Et guerpist la pucele, moult petit l'a éue; Et Guion la seisist, à sa gent l'a rendue.

198) Aub. p. 147,19 ff. (Guiborc): »Tant m'aves fait, moult vos doi avoir chier, Tolu m'avés à la gent l'avresier, Qui tant m'ont fait mon pais essillier.« — Aiol v. 6421 ff: Toute plaine sa lanche l'abat mort el sentier; Puis a traite l'espée, se li trenche le cief, Si le pent ot les autres desor .L des destriers. Quant le voit Mirabiaus, s'en ot mout le cœur lie.

199) Aiol v. 6227 ff.: »Montés sor vo ceval, ma bele douce amie; T'ornés vos ent ariere cheste viés voie antie, Tenés bien vostre esclos, ne m'esconnisies mie: Dieus vos trameche a home qui bien vos face aie!«

200) Ot. v. 658/59: »Les nosces erent es prez souz Atylie, Quant j'aurai mort l'empereor Garsilie.« — Girb d. M. Hs. N 123 c 39/40: Autre si afere, sire Girbert a dit, Que fame penre ne tel plet a tenir.

201) Aiol v. 8039 ff.: Lusiane fu molt coreçouse et marie; Et voit le roi son oncle, si fu molt esbaudie: »En non Dieu! sire Aiol, je ne quidaise mie, Que nos grans amistés fuissent ja departie.«

202) cf. Doon de M. v. 4159 ff.

ergiebt sich wohl der Mann der freien Liebe[203]). Nur ein alter Liebhaber, der hoffnungslos wirbt, erfleht einen einzigen Anblick der Geliebten und übt dann Entsagung[204]).

IV. Die Frau als Gattin.

Die Ehe wie sie sich in den Epen behandelt findet, wird selten aus Liebe geschlossen. Die Frau wünscht die Ehe, weil sie von ihr eine Besserung ihres schutz- und rechtlosen Zustandes hofft[205]). Darum sehen wir sie oft eifrig bemüht, sich ein Eheversprechen zu sichern[206]).

Wenn der Mann sich zur Heirath entschliesst, was meistens auf den Rath seiner Familie oder seiner Freunde geschieht[207]),

---

203) Hug. Cap. v. 178 ff.: Tant yerent sy parler à dames savoureux Et ly regart de lui estoit sy amoureus Que dame ne le voit qui n[e] ait quier cez jeus, Et il n'estoit ver ellez ne fel ne despiteus, Vollentiers lez servoit du mestier amoureus. — ib. v, 250/51: En Brabant, où s'alloit moult souvent deduisant A damez, a pucellez riens n'aloit espargniant, — Raoul de C. p. 67,17 ff.: »Ybers mes pères par sa force la prist. Je ne dis pas que noces en féist Par sa richese dedens son lit la mist, Toz ses talans et ses voloirs en fist; Et quant il vost, autre feme reprist.«

204) cf. Hervis, Hub p. 36.

205) Aiol v. 1804. (Tochter des Tieri): »Com fuisse ore garie, s'il me daingnst amer.« — Doon de M. v. 8891 ff. (Flandrine): »Moult cuidoie estre bien à tous jours mariée Du meillor chevalier qui ains chainsist espée. Lasse! or m'a éu si petite durée — Parise la D. v. 729,30 (Parise): »Or sui si esgarée que ne sai ou aler; Bien sai que sui venue à moult grant poreté.«

206) Huon de B. v. 5890 ff. (Esclarmonde): »Se me voliés plevir et créanter que, se poiiés de çaiens escaper, Vous m'enmerriés o vous en vo regné, Par Mahomet, je ne vous queroie el.« — Floov. v. 1536 ff. (Maugalie): Se de ton seignour lege avoie féauté Que il me vosist panre à moilier et à per, Por la sue amitié relanquirai mon dé.« — Jourd. de Bl. v. 1728 ff. (Oriabel): »Voz me venrez et jurer et plevir. Se Des vos donne de l'estor departir, Que voz aurai loiaument a mari.«

207) Girb d. M. Hs. N 138d v. 20 ff.: »Pren ceste dame, gentiez rois posteis. En nulle terre plus belle je ne vi Je le vous los couzins, ce dist Gérin.« — Auberon v. 274 ff.: »Ens son regne sont moult bon li tierage, Mainte riviere i a et maint boscage. D'or et d'argent meublee est et d'olmage. Par bonne foi vos lo, qui qu'en ait rage, Que la dame prendes a mariage.«

so leitet ihn das Bestreben, sich mächtige Bundesgenossen zu erwerben, den Einfluss und Reichthum der eigenen Sippe zu heben[208]). Aus denselben Beweggründen pflegen die Anverwandten des Mädchens ohne Rücksicht auf die Neigung der Betreffenden über ihre Hand zu verfügen[209]). Meist fügt sich die Frau, die auch wohl selbst den Reichthum des Werbenden in Erwägung zieht[210]), oft aber tritt sie auch energisch für ihre eigene Liebe ein[211]). Ihre Weigerung begründet sie dann häufig damit, dass die »Geste« des in Vorschlag Gebrachten nicht makellos sei[212]).

208) Gar. Loh. I. p. 150 v. 10 ff.: »Haut mariage et bon vous ai porquis C'est Helisens, la dame de Pontis, Suer est germaine au Flamenc Bauduin; N'a pas longtemps que mors est ses maris, Un anfant a qu'encor est moult petis. S'en l'eritage, biaus niés, vos estes mis, Si serez bien entre vos anemia.« cf. Weinhold .I. p. 239.

209) Girb d. M. Hs. N 138d v. 51; e v. 1 ff.: »Je vos donrai l. chevalier menbré. N'a si vaillant en la crestienté.« *Darauf die Tochter des Raimon:* »Sire dist elle a vostre volenté« — Mort de Gar. v. 3685 ff.: Adonc parla Jeufrois li Angevins: »Si la donez Milon de Lavardin, O de Lamborc Galeran, ou Gaudin; Il sont prodome et chevalier gentil.« — Aiol v. 7113 ff. (Esmeraude): »Mes peres fu frans hom et de grant parenteé: En trestoute Berri ne péust on trover Nul millor chevalier por ses armes porter. Puis kei en malage et en grant poverté, Et engaga ses terres, petit l'en fu remés. Cis hom est par usure en grant avoir montés. A mon pere fist toute se tere racater; Puis m'i dona à feme, je ne li poc véer« — Girb d. M.Hs. O 145b v. 38. ff.: Done Raimond Ludie o le cler vis Cil de S. Gile le chevalier gentil: Amenra toi mil chevaliers de pris.

210) Gar. Loh. I. p. 157 v. 18. ff. (Helisend): »Trestos li mons devroit de moi laidir, Se je, si tost, avoie baron prins, Si ferez, suer. cis est biaus et meschins, Il est plus riches que ne fut tes maris. Fils est Hardré, si a nom Fromondin. Mors est Hardrés, et cis tient le pais.« Quant la dame a celle parole oi, Li cuers li mue, autre conseil a prins: »Sire, dist elle, je ferai vo plaisir.« — Auberon v. 339 ff. (Tochter des Königs): »Mais, s'a, moulier li Macabes vous prent, Qu'onques dame desous le fiermament Mariée ne fu plus noblement. Faus est vos cuers, se l'acort nous deffent. La dame l'ot, l'amours Judas l'esprent.

211) Fierabr. v. 2943 ff. (Floripas): »Il n'aura jamais cure de mon cors espouser; A force m'i voloit mes peres marier; Mais ençois m'i laissasse trestoute desmenbrer.« — Gui de N. v. 1277 ff. (Ayglentine): »Bele, prenez Hervieu, moult est de fort endroit.» »Sire, dist la pucele, non feroi par ma foit. Il ne m'ameroit guerez qui ce me loeroit; Et il feroit que fol s'à force me prenoit. Tost en perdroit la teste, s'en mon païs venoit. Mez Guion me donnés, cel chevalier adroit.«

212) Gui de N. v. 803 ff. (Ayglentine): »Sire dist la pucele: lessiés m'à vous parler: Guenelon fu ses oncles, ne le puet nus cheler Toute France a honnie, si m'i voulez donner.«

Die Verlobung erfolgt feierlich vor Zeugen[213]), auch wohl an heiliger Stätte[214]). Gewöhnlich legt ein Verwandter der Braut die Hände des Paares ineinander und lässt die Heiligthümer holen, auf welche dann der Treueschwur erfolgt[215]), der indessen auch durch einen Stellvertreter geleistet werden kann. Bisweilen tritt der Kaiser selbst als Ehestifter auf[216]). Zu nahe Verwandtschaftsgrade sind ein Ehehinderniss, selbst wenn der Verlobungseid schon geleistet ist[217]). Besondere Hochzeitsgebräuche finden sich nicht erwähnt. Der priesterliche Segen wird im Münster empfangen[218]); ist die Braut eines christlichen Ritters Heidin, so wird immer betont, dass die

---

213) Gaufr. v. 7170 ff. 7176 ff.: Turpins li archevesque, à la chiere membrée, A demandé Berart se la dame li grée. »Oïl, chen dist Berart, de cuer et de pensée.« Adonqnes la li a l'archevesque affiée.

214) Raoul de C. p. 144 v. 18/19 (Helvis): »Sire Raous, dist la franche puchele, Vos me jurastes dedens une chapele.«

215) Elie de S. G. v. 2692/93: Sor les saintes reliques font Galopin jurer Qu'il penra la pucele a mollier et a per. — Raoul de C. p. 228 v. 10 ff.: Sor une table font les sains aporter. Ilueques font les sniremens jurer, Bernier del prendre, et Géri del donner.

216) Gui. de N. v. 1293 ff.: Le roi tint Ayglentine par la blanche main nue; Son serement aquite, à Hervieu l'a rendue. — Raoul de C. p. 252 v. 13: »Prenés la dame que je la vous ostri.« — Gar. Loh. I. p. 117 v. 4 ff.: Maintenant font les reliques venir, Féauté font au Loherenc Garin Il la fiance, elle lui autresi. — Gar. Loh. II. p. 69,2 ff. (Pipin): Il en apelle lo Loherenc Garin: »Venez avant, le fis au duc Hervin, Tenez ma niece, la bien faite Aélis; Et vous dans Begues dou chastel de Belin, A vous doing-je la belle Biatrix.« — Gayd. v. 8602 ff.: Et dist Guiz: »Bele, voz ditez verité. Avant passa, si a le roi rouvé Qu'esramment soient li sairement juré, De l'espouser, sans lonc terme passé. — Girb d. M. Hs. O 122a 26/27: »Et ceste est fille au fort roy Anseys; Tu la prendras te la jurrai por ti,« — cf. Weinhold I. p. 340 f.

217) Gar. Loh. II. p. 9,14/15: »Si li est près, que ne l'a puet tenri Né espouser né coucher en son lit.« — cf. Elie de S G. v. 2671 ff.

218) Girb d. M. Hs. O 142c 7/8: A Hernaus ert la terre et le païs Ludie espose au mostier S. Denis. — Foulque de C. p. 80,1/2 (An l'élise): »Dites-moi, Salygot, que fait li miens amis, Qui m'espousa à feme au mostier Saint-Marcis?« — Raoul de C. p. 237 v. 2/3: Mais l'andemain sont venu au mostier; Là espousa Bernier sa moullier. — Raoul de C. p. 266 v. 18/19 (Tochter des Géri): A .I. mostier l'anmainnent erramment. La l'espousa Herchanbaus li vaillans.

219) Gaufr. v. 10,278 ff: Là ont pris Mandagloire, la moullier Gloriant Robastre l'espousa, le chevalier vaillant; Crestienner la firent nostre baron

Taufe vorherging[219]). Es folgt ein festliches Gelage im Schlosse[220]) oder auch im Freien[221]) mit zahlreichen Gästen. Die Hochzeitsfeierlichkeiten dehnen sich bis auf acht Tage aus[222]).

1. Verhalten der Frau zum Gatten.

Das eheliche Verhältniss erscheint in den Epen meist als durchaus rein. Die Frau ist dem Gatten unbedingt bis zur äussersten Demuth ergeben[223]); sie ordnet ihren Willen dem seinigen völlig unter[224]) und erträgt seine oft rohe Behandlung mit Geduld[225]). Dem harten und ungerechten Urtheil des verblendeten Gemahls fügt sie sich ohne ihm zu grollen[226]) und

---

avant. — Foulque de C. p. 50,15/16: Mès el main ont la dame baptisiée: Cil l'esposa, qui ele fu jugiée.

220) Girb. d. M. Hs. N 138e v.12: Granz sont les noces sus le palais listé. — Gaufr. v. 9241 ff.: A icheste parole monterent u donjon: Chele nuit ont mené grant joie li baron, Et quant il ont soupé, les napes osta on. En la chambre à la bele .I. lit aprestu on; Là ont couchié la bele et Berart le baron.

221) Gui de N. v. 1986 (Ayglentine): »Hervieu serai rendue sous Nantueil en la prée.« cf. Aiol v. 8250 ff.

222) cf. Hervis, Hub. p. 11.

223). Mac. v. 3511 (Blancheflor): »Vos moilliers sui, autre segnor n'atent.« Girb d. M. Hs. O 134d v. 36 ff. (Blancheflor): Et la reine au gent cors seignori Se lest cheoir sor la jambe Pepin. Ainz mes ne sot quant a ses piez la vit, Etroit li beise la chalce et le samit. — ib. 146 146b v. 25 ff. (Blancheflor): Devant le roi sor le marbre luisant S'estoit getée a genoilz tot errant, Ja li besast le pié sanz nul contanz, Quant l'emperere l'endreca en estant.

224) Jourd. de Bl. v. 2087 (Oriabel): »Sire, dist elle, tout à vostre commant.«

225) Gaufr. v. 3945 ff. (Frau des Grifon): Adonc vient à sa fame, en chambre la mena: »Ahy! pute mauvese, chen qui vous quemanda Que vous avés gari chu mauvez ribaut là? Or tost, bailliez moi l'erbe qui si le mechina.« »Sire, chele respont, si soit com vous plera.« — Mort de Gar. v. 2170 ff. (Blancheflor): Et dit la dame: »La vostre grant merci; Quant vos plaira, si porroiz referir, Car je sui vostre, ne m'en puis departir.«

226) Parise la D. v. 624 ff. (Parise): »Tenez moi an prison à l'ostel, chiés Gautier, Ou chiés un borjois povre, que n'ais gaire cheré, S'aie de vostre pain chacun jor .I. cartier. Quant li entes ert nez, sel faites bautisier, Quant serai relevée, si me copez le chié, Ou je devendroi noine à .I. de ces mostiers. Lai, si profrai Deu, le glorieus dou ciel, Que vostre cors garisse de mort et d'encombrer.«

geht gehorsam in die Verbannung[227]): ja ihr Herz treibt sie, obgleich man sie vor der Gefahr warnt, noch heimlich von dem Schlafenden Abschied zu nehmen und ihn zu segnen[228]). Zur Versöhnung mit ihm ist sie immer bereit, auch wenn sie unschuldig grosse Unbill erlitten hat[229]).

Vielfach giebt die Gattin Beweise ihrer innigen Zuneigung. Namentlich äussert sich diese in lebhafter Theilnahme am Geschick des Mannes[230]). Sie hat eine hohe Meinung von dem Vertrauen zwischen Gatten[231]), sie glaubt, der Gemahl müsse sie an allen seinen Plänen und Sorgen theilnehmen lassen[232]). Sie ist voll zärtlicher Besorgniss, wenn er sich in Gefahr begiebt. Voll Angst um den Gatten im Kampf begleitet sie ihn mit langen Gebeten[233]) und verfolgt, wenn sie selbst Zuschauerin sein kann,

---

227) Mac. v. 699/700 (Blancheflor): Dist la roïne: »Et vueil je l'otrier; Vostre voloir ne vueil je trestorner.«

228) Parise la D. v. 770 ff. (Parise): Elle ne l'ose mie esveillier ne boter; An la face lo baise coiement et soé, Puis prist andeus ses ganz qui sont à or paré, Après, leva sa main, si l'a de Deu seigné.«

229) Mac. v. 3504 ff. (Blancheflor): Ele li dist: »Gentis rois sorpoissans, Ne me sovient d'ire et de mautalent. De moie part faites l'acordement.« — Parise l. D. v. 2784 ff. (Parise): »Dame, ce dit li dus, coniant vos demanez? Certes, j'ai anvers vos mauveisement erré; Par toz les sainz dou mont, que le me pardonez!« »Sire, ce dit la dame, volentiers et de grez.« — Karls R. v. 868/69 (Die Königin): Iloec fut la reine, al piet li est caiet, Sun maltalent li at li reis tut pardunet.

230) Gar. Loh. II. p. 218,1 (Bintris): »Hé, riches dus! Porquoi pensez-vos si? Or et argent avez en vos escrins, Faucons sor perches assez et vair et gris.«

231) Alesch. v. 2047 ff. (Guiborc): »Sire, dist-ele, je sui vostre jurée, A la loi Deu loiaument espousée, Por vos sui-je crestiene clamée, Et en seinz fonz bauptiziée et levée, D'uile et de cresme en Deu regenerée; Ne me doit estre vo parole véée.«

232) Alesch. v. 8042 ff. (Guiborc): »Moult doit liez estre hom qui bone feme a, Et s'il est bons de fin cuer l'amera, Le bon conseill qu'el li done creru.«

233) Aye d'Av. v. 510 ff. (Aye): »Sire Diex, dit la dame, plaise vos et agrée, Si com de mon seignor voz savez la pensée, Que il en ait l'enor hui, en ceste jornée.« — ib. v. 2755 ff. (Aye): »Garissiez mon seignor qu'à espous me donastes De mor et de prison, de fust, de fer et d'armes, Que hui si anemi de cheval ne l'abatent.« — Aiol 8426 ff. (Mirabel): »Dame sainte Marie, digne vierge pucele! Se je perc mon signor, hui commence tel guere, Qui jamais ne faura en ce siecle terrestre.«

gespannt jeden Vortheil, den er erringt[234]). Wird der Mann verwundet oder besiegt, so beklagt sie laut sein Unglück[235]); geräth er in Gefangenschaft, so theilt sie seine Haft[236]), ebenso die Verbannung des in Ungnade Gefallenen[237]) und sucht sie zu erleichtern. Ihre Liebe erhebt sich hier bis zur grössten Selbstverleugnung: Leben und Glück des Gemahls gehen ihr weit über das eigene[238]). Wird der Gatte gewaltsam von ihr getrennt oder sieht er sich gezwungen, sie zu verlassen, so ist sie voll Sehnsucht[239]), gross ist ihre Freude beim Wiedersehen[240].

---

234) Doon de M. v. 8388/89: »Dame, fet Flandrineite, quel chevalier chi a! Benéeite soit l'eure que s'amour me donna!« — ib. v. 8466 (Flandrine): »Chil n'i a pas failli; bien ait qui l'estrienna.«

235) Gar. Loh. II p. 88, v. 7 ff. (Biatrix): Durement plore ne s'en peut astenir, Pour cou que voit le duc descoulori: »Lasse, fait-elle, com grant dolor a ci!« Li Loherens a bien sa feme oi, La teste dresce contremont un petit. »Dieu, dist la dame, or est vis mes maris!« — Jourd. de Bl. v. 2863 ff.: Oriabiax menoit un duel moult mal, Car por Jordain menoit dolor coral, Forment reclaime le pere esperital, Que son seignor li rande.

236) Aiol v. 8508 ff. (Mirabel): »Merchi, sire Makaire, por Dieu et por son non! Comment i moroit ore tex hon com est Aiols? Puis que pris nous avés, metés nos en prison.« — Jourd. de Bl. v. 393 ff. (Erembors): Fromons l'a fait avaler à sa gent. Dedens la chartre qui est orde et puans, Où Reniers est au coraige vaillant. — Gerard de R. p. 359,26/27: Guerard vit en l'arvol, n'i a servent, Fors sa moillier qui el sert bonement.

237) Aiol v. 49 f; 53 f. (Avisse): Es landes de Bordele s'en est li dus fuis, Puis furent tel .VII. an c'onques ne but de vin. La dame estoit enchainte, quant ors de France issi; Quant vint en l'ermitage, si delivra d'un fil.

238) Jourd. de Bl. v. 647 ff. (Erembors): »Biaus fiz Garnier, dist la damme nobile, La chars ton pere pour la toie iert delivre. La moie, lasse! an est moult corroucie!« — Aiol v. 496 ff. (Avisse): »Por Dieu n'obliés mie vostre chier pere Qui chi remaint malades en tel contree: Ne li regardera parens ne frere.«

239) Raoul de C. p. 281 v. 8 ff. (Tochter des Géri): »Diex, dist la dame, qui tot as à jugier, Se une nuit tenoie mais Bernier, N'auroie mais ne mal ne encombrier.« — Aye d'Av. v. 1399 ff. (Aye): Aie est en haute mer en une nef enclose, Et crie hautement: »Chetive, com sui morte. Garniers, fil à baron, com vos m'esloingniez ore, Por quant, comment qu'il prengne, vos me raurez encore.« — Raoul de C. p. 243 v. 10 ff. (Tochter des Géri): »Ahi! fait-ele, nobiles chevalier, Poi ont ensamble duré nos amitiés. Or déusions acoler et baisier, Li uns por l'autre de ci au jor vellier.« Pasmée chiet voiant maint chevalier. — Raoul de C. p. 261 v. 13 ff. (Tochter des Géri: »E Diex! dist-elle, dame sainte Marie, Ne mon signor ne mon fil n'ai-je mie. Que fera ore ceste laise chaitive?«

240) Huon de B. v. 8169 ff. (Esclarmonde): Dame Esclarmonde a

Am liebsten möchte sie ihn selbst auf allen seinen Zügen begleiten[241]), die niedrigsten Dienste wäre sie bereit für ihn zu verrichten[242]), ja sogar seine Liebe mit einer Anderen zu theilen, wenn sie nur in seiner Nähe sein kann[243]). Dem fernen Gemahl sucht die Frau die eheliche Treue bis zum Aeussersten zu wahren[244]), auch wenn er ganz verschollen ist[245]). Sie begiebt sich wohl in ein Kloster, um ihn dort zu erwarten[246]); gegen Bewerbungen braucht sie ihre ganze List[247]), nöthigenfalls

---

Huon acolé: »Sire, dist elle, bien soiés vous trové; Mais ne cuidoie à vo gent cors parler. — Jourd. de Bl. v. 2867 ff. (Oriabel): Oriabiax voit Jordain retorner, Encontre lui vint la damme au vis cler. S'elle en ot joie? ne l'estuet demander. Son seignor va baissier et acoler.

241) Raoul de C. p. 257 v. 17 ff. (Tochter des Géri): Et dist la dame: »je irai auvec toi.« Et dist Bernier: »non ferés par ma foi.« Et dist la dame: »or oïs grant boffoi. Jà, por Dieu, n'irés .I. jor sans moi.«

242) Jourd. de Bl. v. 2100 ff. (Oriabel): »G'irai o voz, sire, dist sa moilliers. Se voz i iestez conséuz n'enchauciez, Je voldrai iestre li vostres despansiers, Et, s'il voz plaist, g'iere vostre escuiers Por selles maitre, por roncins aplaingnier.«

243) ib. v. 2118 ff. (Oriabel): »Se voz ja terre ne honor conquerez, Ne autre damme convoitiez ne amez, Ne m'en verroiz ne tancier ne choser. Coucher irai le soir souz les degrez.«

244) Girb. d. M. Hs. O 144d v. 2 ff: Ludie vint sus el pales plenier, A Fromont jure la grant vertu del ciel, James Hernaut ne l'aura a moillier. — Huon de B. v. 6931 ff.(Esclarmonde): »Je garderai Huon ma loiauté, Et souferrai paine et dolour assés Ains que nus hom ait de moi l'amisté.« — Raoul de C. p. 285 v. 10 ff. (Tochter des Géri): »Hé! Berniers, sire, frans chevaliers mirables, Cis Herchanbaus est trop fel et trop saige. C'il gist à moi, que ferai-je dont, lasse! Il nel lairoit por nulle rien qu'il saige.« Par la fenestre jus des murs s'an avale.

245) Doon de M. v. 158 ff. (Marguerite): »Sire, n'en aiez ja si fole entencion, Quer j'en promet à Dieu, et son saintisme non, Se me sires est mort, qui moult estoit preudom, Ne voeil pas mez enfans meitre à destruction.«

246) Jourd. de Bl. v. 2360 ff. (Oriabel): »Lez un monstier me faitez unhostel, Une fenestre mi faitez compasser Et pain et eve m'i feïssiez donner, Autre despanse n'i quier je jà user. Là atendrai celui qu'ai desirré. Dammeldex le me rande.«

247) Huon de B. v. 6915 ff: (Esclarmonde): »Sire, dist ele, merchi, por amor Dé! Jou ai .I. veu à Mahommet voué: Desc'à .II. ans ne puis en lit entrer Là où nus hom gise, par verité.« — Raoul de C. p. 268 v. 4 ff. (Tochter des Géri): Elle prent l'erbe, en sa bouche l'a mise, Et Herchanbaus coucha avec sa mie. Il l'a asés acolée et baisie, Mais d'autre chose ne li pot faire mie.

leistet sie offenen Widerstand[248]). Eine Frau, die sich gezwungen sieht, dem Gatten die Treue zu brechen, hält sich für seiner nicht mehr würdig[249]). Dagegen verlangt sie aber auch unbedingte Hingabe des Mannes und ist heftig eifersüchtig auf andere Frauen[250]), selbst auf einen Freund des Gatten[251]).

Stirbt der Gemahl oder fällt er im Streit, so kennt ihre Trauer keine Grenzen[252]). Da fühlt die Frau sich ganz schutz- und haltlos[253]). Da ist sie selbst des Lebens müde, und wünscht sich den Tod[254]) oder den Nonnenschleier[255]). Sie beschliesst auch wohl wirklich ihr Leben im Kloster[256]) oder überlebt in ihrem Schmerz den Gatten nur um wenige Tage[257]). Vorschläge

---

248) Doon de M. v. 167 ff. (Marguerite): Et ele lesse aler le poing de tel randon, Devant, parmi le nés, li donne tel frapon. Que il en out senglant le vis et le menton.

249) Hug. Cap. v. 5232 ff. (Marie): »Faitez que vous trouvez le bon roy men mary, Et ly ditez, biau sire, ne me mache en oubly, Et qu'i me viegne oster de le main l'anemy: Et puis devenrai nonne et priray Dieu merchy, Car pas ne seray digne d'estre plus avec luy.«

250) Amis et Am. v. 882 ff. (Lubias): »Sire, fait elle, bien sai que vos pansez. Or voldriez iestre à Paris la cité, La fille Karle baisier et acoler Dont li miens cors est chéuz en vilté.« Syr, Rom. St. I. p. 402,11/12 (Matalie): En sa chambre la met ou li ors reflambie; Mais toz jorz a vers li un poi de gelosie. —

251) Amis et Am. v. 494/95 (Lubias): S'elle onques puet, elle le cunchiera, Li amistiés d'Amile li toldra.

252) Gar. Loh. II. p. 271, 22/23: D'ileuc enportent la bele Biatrix Tote pasmée, dusqu'au palais marbrin. — Raoul de C. p. 4 v. 5 ff.: Et quant Dieu plot, del ciécle departi. La jantil dame, Aalais au cler vis, Tel duel en fait, si grans ne fu oïs. — Ren. de Mont. p. 44,33/34 (Frau des Beuves): Quant la dame l'oit, li sans li est fuis; Sor le cors se pasma et cria à haus cris.

253) Gar. Loh. II. p. 267,8 ff. (Biatrix): »Lasse, dolente, que porrai devenir! Or verrai-jou esiler mon païs, Et sen iront mi chevalier gentis, En autres terres autre seigneur servir.«

254) Aye d'Av. v. 3098 (Aye): »Hé Diex! car recoif m'ame c'or voudroie morir!« — Chans. d. S. II. p. 169,4 (Sebile): »S'or poïsse morir, com dame Aude au vis fier!«

255) Foulque de C. p. 79 v. 5,9 (Anfélise): »Ha lasse! com hui pars de dolce compaignie. Mon chief ferai veler à Cort à l'abaye!«

256) Chans. d. S. II. p. 188,22 ff. (Sebile): Sebile la roïne i plot à demorer En .I. reclus par soi por son ami plorer.

257) Mort de Gar. v. 4803/4 (Aelis): Les deus serors, puis que fu mors Garins, Plus ne vesquirent que trois jors et demi.

zu einer neuen Ehe weist die Wittwe entweder endgiltig[258]) oder doch zunächst[259] entrüstet ab und bietet, wenn man sie dazu zwingen will, ihre ganze Verschlagenheit und Kühnheit auf, um sich ihr zu entziehen[260]). Lässt sie sich zu einer neuen Verbindung bestimmen, so bewahrt sie doch öfter dem ersten Gatten ein treues Gedächtniss[261]).

So erscheint die Frau voll zärtlicher Liebe und Hingebung. Aber auch weniger weiche Züge enthält ihr Charakter. Sie greift mit Wort und That in das Schicksal des Mannes ein[262]). Ueberall eine kluge, gemässigte Rathgeberin weiss sie ihn oft mit besserer Einsicht zu leiten und seine Pläne zu fördern, indem sie seine Freunde begünstigt[263]), bei seinen Gegnern Fürbitte für ihn einlegt[264]), oder auch ihnen kühn entgegen-

---

258) Mort de Gar. v. 34 ff: Si en remene la bele Biatriz, Ensemble o lui et Hernaut et Gerin: Né onques puis la dame n'ot mari. — Aye d'Av. v. 2176 (Aye): »Miex voudroie estre nonne, le vel desor la teste Que ja celui oubli qui si long m'ala querre.« — Raoul de C. p. 10 v. 1/2 (Aalais): La gentix dame o le viaire cler Ne le prendroit por les membres colper.

259) Gar. Loh. I. p. 157,12 ff. (Helisend): »Ancor n'a gaires que monsignor perdis, N'a pas un mois que fut en terre mis; Trestos li mons devroit de moi laidir Se je, si tost, avoie baron prins.«

260) Aye d'Av. v. 3208 ff. (Aye): Elle a dit à Karlon: ».I. respit en weil, sire, Enfresci qu'à .I. an, à mains n'en wiell je mie; Lors en ferai requeste as barons de m'empire. Et si m'iert tresallez le mautalent et l'ire, Adonc ferai, biau sire, à vostre commandie.«

261) Aye d'Av. v. 1809/10 (Aye): »Pour l'amour du baron qu'ele pot tant amer, A fet une abbéie merveilleuse estorer.« — ib. v. 2755/56 (Aye): Du baron li remembre, s'a la coulor muee, Ele plore des iex, à terre chiet pasmée. — Chans. d. S. II. p. 167,18 ff. (Sebile): »Hé, lasse! dit Sebile, tant me va malement! Molt doi maudire l'ore que vig à naissement. Guiteclin ai perdu, Baudoin ausimant.«

262) Cov. Viv. v. 1126/27: »Dex, dist Guibor, beau pere droiturier, Com cist fox cuens se set bien esmaier. Sire, dist-ele, or ne vos esmaiez.« — Alesch. v. 8046 ff. (Guiborc): »Refai Orenge, à grant pris tornera, Del grant avoir qu'en l'Archant uriva, Mande sergans, assez en i venra, Se le pues faire, jà mès garde n'aura, Et je sui cele qui moult s'en penera.«

263) Rol. v. 634 ff.: Atant i vint la reine Bramimunde, Jo vos aim mult sire dist ele al cunte; Car mult vos priset mi sire et tuit si hume. A vostre feme enveierai dous nusches.

264) Gar. Loh. I. p. 208,19 ff. (Frau des Huedes): Begon salue et le duc Auberi, A lor piés chiet et lor crie merci: »La ville prens trestout à ton plaisir, Mais que tu aies de mon signor merci.«

tritt[265]). Sie warnt den Gemahl vor Gefahren[266]), vor folgenschwerem Verrath[267]), vor der Tücke und Macht seiner Feinde[268]), vor lebensgefährlicher Jagd[269]). Den bekümmerten Gatten tröstet sie; wenn er verzagt wird, spricht sie ihm wieder Muth ein[270]) und entflammt ihn durch den Vorwurf der Feigheit zu neuen Thaten[271]). Das geht soweit, dass da, wo der Mann schwankend und unselbstständig erscheint, die Frau überhaupt redend und handelnd für ihn eintritt[272]). Sie wird gradezu seine Retterin: sie opfert ihre Schätze um ihm Truppen zu

---

265) Jourd. de Bl. v. 966 ff.: Dame Erembors la cortoise et la large, Ne voloit mie que sans li en alaissent. N'en mainne mie palefroi qui soit lasches, Ainz est montée el bon destrier d'Arrabe, En son poing tint un roit espié qui taille. — ib. v. 417 ff. (Erembors): »Je voz pandroi ausiz com un larron, Si voz feroie detranchier à broionz, Que n'en auroie deniers ne raenson.«

266) Raoul de C. p. 323 v. 7 ff. (Tochter des Géri): »Bernier, biax frère, grant chose avés empris. Molt est mes pères fel et mal talentis, Et s'a .I. poi de traïson an li. Se riens li dites que ne soit à plaisir, Sans deffier vous aura tot ocis.«

267) Ren. de Mont. p. 13,23 ff. (Frau des Beuves): »Envers vo droit seignor, ne faites com lanier. Si par non sens voles folie commencier, Ce n'iert mie savoir, si m'aïst saint Richier; Ton païs en verras gaster et essiller.«

268) Ren. de Mont. p. 171,1/2 (Clarisse): U que voit son seignor, dist li sens detrier: »Sire, vos n'ires mie, se le voles laissier.«

269) Gar. Loh. II. p. 220,12 ff. (Biatrix): »Laissiez ester ceste chasse à tenir, Li cuers me dit, ne vous en quier mentir, Sé tu i vas, jà nen revenras vis.« — cf. Aub. p. 164 (Guibor).

270) Chans. d. S. II. p. 125,4 ff. (Sebile): Cele le reconforte com dame de valor, Et dit: »Biau douz amis, n'aiez si grant paor: Karles vos secorra, n'i fera nul sejor.« — Alesch. v. 8206 ff. (Guiborc): »Gentix cuens, sire, ne vos esmaiez jà, Tex a perdu qui regaaignera, Et tex est poures qui riches devenra.«

271) Jourd. de Bl. v. 379 ff (Erembors): »Où'st la prouesce, que avoir soliiez? Fromons voz prinst à la gluz avant ier, Ainz de vos armes ne fist il point touchier, Là fors vi ores vostre escu tout entier.« — Alesch. v. 1916 ff. (Guiborc): Dist à Guillaume, et dit: »Or puis je bien prover, Que tu n'es mie dans Guillaumes li bers, La fièrebrace qu'en soloit tant loer; Jà n'en lessasses paiens nos genz mener.«

272) Mort de Gar. v. 1647 ff. (Blancheflour): En piés se drece la réine au cler viz, A halte voiz à escrier se prist: »Venez avant, Anjorran de Coci, Vos qui blasmez le Borgoing Auberi.« — Jourd. de Bl. v. 435 ff. (Erembors): Elle méisme saisi .II. des gloutons, Si les ferit d'une pierre ens el front, Li oil lor saillent et li cervel en vont.

werben[273]) und ist sogar bereit, die leiblichen Kinder dem Wohle des Gatten aufzuopfern[274]). In Kriegsnoth legt sie selbst die Rüstung an[275]). So erscheint sie auf den Zinnen und feuert zum Kampf an[276]), so schirmt sie in Abwesenheit des Gatten seine Burg gegen den Feind[277]). Ja, sie nimmt sogar am Kampfe thätigen Antheil, tödtet Feinde[278]) und wird selbst verwundet[279]).

Aber das eheliche Verhältniss erscheint auch vielfach getrübt. Die Frau verlangt von dem Gatten kräftigen Schutz und ritterliche Thaten, und wo er das nicht leisten kann, verachtet sie ihn[280]). Die adelige Frau ist dem aufgezwungenen bürgerlichen Gatten[281]), die Christin dem Heiden, der sie geraubt hat, von

---

273) Cov. Viv. v. 1131 ff. (Guiborc): »Mandez serjanz, vassaus et soldoiers; Que j'ai encor un trésor si très-fier, Nel porteroient .LXX. somier.«

274) Jourd. de Bl. v. 647 ff. (Erembors): »Biaus fiz Garnier, dist la damme nobile, La chars ton pere por la toie iert delivre. La moie, lasse! an est moult corroucie.«

275) Gaufr. v. 782 ff: Mès n'i a clerc ne prestre ne dame segnorié Dont chascune n'éust la grant broigne vestue, Sus le chief le bachin, chaint l'espée fourbie, A deffendre les murs de la chité antie. — Alesch. v. 2202 ff. (Guiborc): »Je ère armée à loi de combatant, D'auberc et d'elme et d'espée tranchant. Par cel apostre que quièrent penéant! N'i a paien, Sarrazin né Persant; Se je l'atieng d'une pierre en ruant, Ne le coviegne cheoir de l'auferrant.«

276) Bueves de C. v. 497 ff. (Ermengars): Dame Ermengars estoit en haut as murs antis. A nostre gent escrie: »Ne soiés alentis, Miex vaut mors à honneur que ne fait honteus vis.«

277) Alesch. v. 4226 ff: Les dames ont meinte pierre getée, Meint Sarrazin ont la teste quassée, Qui gisent mort sanglant, gole baée. — Siège de B. v. 394 ff. (Ermengart): »Ore en alez en France et Nerbone lessiez. Encore ai ge .c. dames, de verité le sachiez, Bien meintendront la terre se vos la me lesiez.«

278) Girb. de M. Rom. St. I. p. 521,4 ff. (Blancheflor): Et la roine ne lor i nuit de rien, En sa main tint un roit trenchant espié, Quant li navrei es vuellent redressier, Et la roine les refiert par derrier, Desor le maibre les refait trebuchier.

279) Girb. de M. p. 520,20 ff. (Blancheflour): Il la navra sus on maistre sorcil. Li sans fut chaus, à la terre chait, La franche dame à escrieir se print.

280) Amis et Am. v. 2077 ff. (Lubias): »Or voz voi si dou tout affoibloier, Ne poez mais aler ne chevauchier. Proier voz voil, sire, que me laissiez, Devant l'evesque, moult bien voz feriiez.«

281) Aiol v. 7264 ff. (Esmeraude): »Lasse!« che dist la dame, »com felon vengement! Maugré en ait mes peres et mi millor parent, Qui de moi et de vos fisent mariement.«

vorn herein untreu. Sie hasst ihn, verräth ihn und wünscht seinen Tod[282]). Sonst sind es namentlich zwei Fälle, in denen die Frau gegen den Gatten Stellung nimmt: im Interesse der eigenen »Geste« oder um ihn von unedler Handlungsweise zurückzuhalten, und besonders in diesen beiden Beziehungen tritt das eigentlich Weibliche in den Hintergrund. Zu Gunsten ihres Anhanges hintergeht die Frau den Mann, wo sie nur kann[283]); vereitelt alle seine Unternehmungen[284]) und ist schadenfroh über sein Unglück[285]). Sie sagt sich förmlich von ihm los und verfolgt listig und unerschrocken ihre eigenen Pläne bis zum Aeussersten, selbst bis zum Tode des Gemahls[286]).

---

282) Gaufr. v. 7788 ff. (Esglentine): Et Piedoré li conte, à la chiere membrée, Que Barré est ochis, qui l'avoit amenée De Franche le païs, où le glout l'ot trouvée. »La mere Dieu, dist ele, si en soit aorée!« — Doon de M. v. 7831 ff. (Helissant): »Maugré mien m'amenastes de Flandres le regné; Onques jour ne guerpi sainte crestienté. Voir, mar véistes onques mon corps et ma biauté, Quant vous contre les miens pensés tel foleté.« — Aiol. v. 7288 ff. (Esmeraude): »Par icel saint signor, a qui li mons apent, Se j'en puisse avoir aisse par nul enchantement, Je ne vous en terai ne foi ne sairement.«

283) Doon de M. v. 7826 ff. (Helissant): »Ha! sire, ele respont, ja n'aiés vous santé, Se issi s'en revont li traître prouvé!« Puis a dit coiement, qu'il ne l'ont escouté: »Tout sera autrement, se j'en ay poosté, Que le miex dez barons sunt de mi parenté.« — Mort de Gar. v. 969 ff. (Blancheflour): Et dit la dame: »Bien faites, biax cosins; Chargerai vos chevaliers quatre-vint, Or et argent por lor cors garantir, Que ne l' saura l'empereres Pepins.« — Girb. de M. Roman. St. I. p. 473,18 ff. (Blancheflor): »Fai chevauchier desor tes anemins, Droit a Bordelle sor Fromont le marchis, On il guerroie Rigaut et ses amins; Jes semonrai n'en sarai mot Pepin.« — Mort de Gar. v. 4041/42 (Blancheflour): Dit la réine: »Bien le font mi ami; Dex lor doint force qu'il se puissent tenir!«

284) Gayd. v. 4276 ff. (Frau des Hertaus): — »Sire, dist elle, ja orrez veritez; Mes sairemens n'en sera ja faussez. Mes parens iestez, sire, si ne savez, Comment vos iestez traïs et malmenez. Mes sire est niés Ganelon et Hardré. En une chambre est maintenant entrez, .X. traïtors en a lui menez; Por vos ocirre ont les adours combez.«

285) Mort de Gar. v. 4043 ff. (Blancheflor): »Molt pert Fromons,« li rois de France a dit. Dist la réine: »Par le corz saint Denis, Il doit bien perdre, et il, et si ami.« — ib. v. 4528 *(Das Königspaar sieht die Feuersbrünste, die den Siegeszug des Garin bezeichnen):* Au roi en poise et la réine en rit. —

286) Doon de M. v. 10,404/5 (Helissant): »Le palès vous rendroi, se Dex l'a destinée; Puis nous chevira Dieu, qui en a poosté.« *(Der Tod ihres Gatten ist die Folge dieser Massregel)* — cf. Gayd. v. 4480 ff. —

Ferner tritt die Frau als Verfechterin der Lehnstreue und Ritterpflicht gegen den zum Verrath geneigten Gatten auf, zunächst aus besserer Ueberzeugung[287]), vornehmlich aber wieder, wenn dieser Verrath sich gegen Angehörige ihrer Sippe richtet[288]). Da verschwört sie sich wohl mit dem Sohne gegen den Gemahl und rettet ihre Verwandten ohne Rücksicht auf das Schicksal des Letzteren[289]).

Bis hierhin ist nie die Sinnlichkeit der Frau Grund des Zerwürfnisses. In der Folge wird sie mit Vorliebe nach dieser Seite hin gezeichnet, namentlich die Heidin. Ein unheilbar kranker Gatte ist der Frau im Wege, sie mag ihn nicht mehr sehen. Er wird von ihr verstossen[290]), dem Hungertode be-

---

287) Aub. L p. 172,14 ff. (Mahaut): »Sire, dist ele, por amor dieu, merchi! Ramembre vos de dieu, qui ne menti. Ja saves vos que Judas le traï, Por pecheours grant angouise sousfri. Por cel segnor orendroit te depri Que ne traisses le Borgignon Aubri.« — Mort de Gar. v. 2520 ff. (Blancheflour): »Ne me voil mie envers vos ahatir; Mais an se doit devers le droit tenir, Et qui nel fait si vialt Deu relenquir.« — Raoul de C. p. 244 v. 12 ff: La roine sort, d'une chambre vient; A haute voix commença à huchier, — »Porquoi le fais, malvais rois losaingier? Ne plait à Dieu qui tot a à baillier Que cest an past ne soies marvoiés.« — Aiol v. 7255/56 (Esmeraude): »Je ne le souferoie por les membres trancier, Si faite traïson ne poroie otroier.« — Aub. p. 238,4 ff. (Frau des Huedes): »En non dieu, sire, mentir ne vos en quier, Moult fait maveis vers son seigneur tenchier. Nus hons ne doit vers son seigneur trichier. Vos començastes envers lui le boissier; Vos le vousistes ocire et detrenchier; Dieus l'i aida, qui bien l'en sot aidier.« — Ren. de Mont. p. 13,15 ff. (Frau des Beuves): »Sires, dus debonnaires, dist la franche moiller, Jà saves vos mult bien que Karles au vis fier Est vostres sires liges, ne le poes noier, En apres Dame Deu qui tot a à baillier.« — Gayd. v. 4243 ff. (Frau des Hertaus;: »Sire, fait elle, ce iert desloiautez Se mal li faitez, quant harbergié l'avez. Touz jors seriez mais traïtres clammez.« — Jourd. de Bl, v. 467 ff. (Erembors): »Trop iez forfais et de Deu departis, Ne venras mais en cort ne en païs, Que tu ne soiez monstrez comme chaitis; Si diront tuit li grant et li petit: Veez celui qui son seignor traït. Et por paor le randit de morir.«

288) Girb. d. M. Hs. O 115 d 3 ff. (Blancheflor): Le roi apele si li dist fierement En non deu rois trop faites malement. Gir. le duc defailliez de noiant Le pere amastes, mostrez le a l'anfant. cf. *Anm. 283 und 284.*

289) Aiol v. 7318 ff. (Esmeraude): »Biaus fiex, che dist la dame, diables et pichies, Nous cora anuit seure, se ne vous en gaities. Nous avons ches barons loialment herbergies, Si ont ensamble nous et beu et mangie. Et tes peres les vieut trair et engingier.« — cf. Aub. p. 170, 3—16. — Gayd. v. 4290 ff.

290) Amis et Am. v. 2349 ff. (Lubias): »Quant je voz fiz fors de

stimmt²⁹¹), aus Gnade schliesslich verbannt²⁹²). Als er aber geheilt zurückkehrt und man ihr meldet, er sei schöner als zuvor, da eilt sie festlich geschmückt herbei und bietet sich ihm wieder an²⁹³).

Eheliche Untreue wird im Ganzen selten behandelt. Am häufigsten findet sich der Fall, dass Heidenfrauen einen vorzugsweise alten Gemahl verlassen²⁹⁴) oder auch wohl in den Tod liefern, um einem jungen Franken gleich darauf die Hand zu reichen²⁹⁵).

Die Christin, die ohne Liebe eine Ehe eingeht, bewahrt wohl einem ursprünglich Geliebten ihr ganzes Leben hindurch eine überaus zärtliche Zuneigung, die freilich nichts Verbrecherisches an sich trägt und mehr auf eine Begünstigung des Betreffenden und seiner Familie hinausläuft²⁹⁶), von der feind-

---

Blaivies gietier, Disoient moi serjant et chevalier, Que morriez tost, gaires ne viveriez; Or voz voi si sain et sauf et haitié Jà Deu ne place que tout a à jugier, Que vous soiez passez un mois entier. Trop en sui anuiie.«

291) ib. v. 2372 ff. (Lubias): »Va, si me crie mon ban, que nus ne soit, Que il n'i ait chevalier ne borjois, Qui voist Ami resgarder mais d'esmois, Ne qui li doinst de quoi il vive un soir.«

292) ib. v. 2401 ff. (Lubins): Et dist lu fausse: »et je le voz otri. Se voz le faitez ainsiz com l'avez dit, Que le gietez dou regne et dou païs, Que ne'l veïsse ne aler ne venir, Je voz donroie mon murlet arrabi.«

293) ib. v. 3380/81: »N'a si bel home desci à Monpellier.« Lubias l'oïst, prent soi à merveillier. — ib. v. 3423 ff.: De Lubias dironz d'or en avant Qui se vestit et se para moult jant. Quant fu vestue, de son palais descent, Jusqu'à l'ostel ne fu pas arrestans. — ib. v. 3432 ff. (Lubias): Et voit Ami, parmi la main le prant: »Ami, biaus frere, le mien cors voz presant Comme la toie por faire ton talant.«

294) Prise d'Or. v. 731 ff. (Guiborc): »Voir, dist la dame, ce est moult grant damaige, Par Mahomet! il doit bien tenir marche. Liée est la dame en cui est son coraige.«

295) Foulque de C. p. 50,8 ff. (Frau des Madoines): Tant a par trieve et venu et alé Qu'il et la dame ont ensemble parlé. Fiancés furent sans sacrement juré. La nuit lor livre la maistre ferme té: Mort sont païen et à honte livré: Li vieil Madoine ot la teste trenchée, Et sa compaigne fu morte et essilié. Mès el main ont la dame baptisiée. Cil l'esposa, qui ele fu jugiée.

296) Mort de Gar. v. 4217 ff. (Blancheflor): Et la réine haltement respondi: »Bien soit venus mes cosins, mes amis. Et Dex maudie ses mortex anemis !« — cf. Mort de Gar. v. 840 ff. — Mort de Gar. v. 377 ff. (Blancheflor *überträgt ihre Zuneigung auf den Sohn des Geliebten*):

lichen Partei aber zur Anschuldigung benutzt wird[297]). Indessen dieses Verhältniss erhebt sich auch schon bis zu sinnlichen Wünschen[298]) und der Uebergang zum eigentlichen Ehebruch, wie ihn das Kunstepos des Jean Bodel in die Dichtung eingeführt, erscheint damit geboten.

Die Frau entschliesst sich rasch und ohne Verführung zur Untreue[299]). Von dem Augenblick an, wo ein Ritter, dem sein Waffenruhm vorausgeeilt ist, durch seine Schönheit ihre Leidenschaft entfacht hat, wirbt sie um ihn mit allen Mitteln[300]) und kein Gedanke wird mehr dem Gatten geweiht[301]); ja sie hasst

---

L'enfes Girbers vint à l'empereriz: »Dame«, dist-il, »Dex vos puist benéir: Saluz vos mande li miens peres Garins.« Et dit la dame: »Bien aiez-vos, amis!« — ib. v. 463 ff. (Girbert *nimmt Abschied.*): Vint en la chambre o la réine gist. Ele se dresce, entre ses bras le prist, Puis li baisa et la boche et lo viz: »Sire Girbers, mes cuers et mes amis, Por Deu vos pri, pensez de vos cosins. Et cest anel vos donrai-ge aussi, Quant le verroiz memberra-vos de mi. Saluez moi vostre pere Garin.«

297) Girb. d. M. Hs. O 115d v. 11 ff. (Blancheflour): *Der König klagt*: »Je l'oi dire si a passe lonc tens Que mielz amastes Garin le Loherenc, Que foi ne feites cui la corone apent.« — ib. 124a v. 7 sagt *Fromond der Königin*: »Trop avez mis en Girbert vostre entente.« — ib 124a v 31/32 (Die Königin): »Li vielz Fromont m'a malement menee, Voiant François m'a putain apelee.«

298) Mort de Gar. v. 438 ff. (Blancheflor): Forment l'esgarde la franche empereris. Car il fu biax, cortois et bien apris, Et a la dame molt tres durement sist.« — Girb. d. M. Hs. O 117b v. 4 ff. (Frau des Anseis): »Dex, dit la dame par ton seintisme non, Molt seroit riche qui avoit tel baron En sa chambre entre seul a seul en escon.«

299) Chans. d. S. I. p. 102,10 (Sebile): Sebile les esgarde qui tel gé ot molt chier, Helissant en apele por à li consoillier: »Li qex est li niés Karles don tan parlames ier? Trop par mi séus or belement losangier, Que de ce qu'anz ne vi, m'as mis en desirrier.« — Girb. d. M. Hs. O 118a v. 2 ff. (Frau des Anseis): Dist la reine: »Girbert molt estes ber Par meintes foiz vos oi oir loer. Donez m'un don que vos sai demander, Voz drueries s'il vos plest me donez.«

300) Chans. d. S. I. p. 113,6 ff. (Sebile): Sebile le regarde, n'en a oil qi s'an faigne, Tant la conqiert s'amors et deçoit et ungaigne. Que son seignor an het et sa loi en desdaigne. — »Bele, ce dit Sebile cui fine amors mahaigne, Huichiez au neveu Karle qi por m'amor ampraigne Le passage de Rune, ançois qu'autres i vaigne.« — Gar. de M. fol. 3b v. 1 ff. (Die Königin): Si fort le traist a li et de tel poesté Que son mantel li a de son col desciré.

301) Gar. de M. fol. 3b v. 22 ff. (Die Königin): »Sire, je vi Garin de si bele fachon Debonaire et cortois que je n'aim se li non. Par li ne m'a savor ne char ne venoison Ne puimens ne clares ne daintes ne poison Ne je ne peu dormir en nesune saison.« — ib. fol. 3c v. 18 ff. (Die Königin): »Or me poez ocirre ou jeter en prison Ou noier ou ardoir

denselben und weiss ihn überall zu überlisten, um Zusammenkünfte mit dem Buhlen zu erreichen[301]), dem sie selbst dann ergeben bleibt, wenn er der Mörder ihrer Kinder wird[303]). Dem rechtmässigen Gatten heuchelt sie nur noch Liebe[304]), und ihr ganzes Streben ist, ihr Verhältniss zu dem Erwählten dauernd zu gestalten, ihn sich durch das Band der Ehe zu sichern[305]). So lange ihr dies aber nicht gelungen ist, schenkt sie ihm ihre Gunst immer nur bis zu einer gewissen Grenze und mit einer Zurückhaltung, die die Dichter augenscheinlich zu betonen wünschen[306]). Den Tod des Gemahls vernimmt sie gleichmüthig[307]) oder mit

---

com .I, autre larron Ochiez moi tantost je vos en fai pardon Car bon l'ai desservi, tu es moi gentils hom.« — Aub. .L p. 29,1 ff. (Frau des Baudouin): »Com cist hom sanble de grant nobilité. Lie la dame cui il venroit a gré, Qui une fois en auroit l'amistié; Mieus li vendroit que .n. mars d'or pesé.« Ens en son cuer l'a forment goulouse; Quant il s'en va, la dame a souspiré. — ib. p. 40,19 ff. (Frau des Baudouin): »Mais ne lairoie por .c. livres d'or cler, Que n'i envoi: or iert a l'esprouver; Car je l'aim tant, ne puis sans lui durer.«

302) ib. p. 69,24 ff. (Frau des Baudouin): De la contesse vos vodrai acointier, Come ele sot le conte desvoier. Ele l'apele belement sans tenchier. — »Sire«, dist ele, »je vos ai forment chier; — Or vos vueil je par fine amor prier C'une quintaine faites la hors drecier.« — ib. p. 71,22 ff. (Frau des Baudouin): »Or tost, amis, sans nule demouree, Portes Aubri a la chiere menbree, Dites que viegne en ma chambre pavee.«

303) ib. p. 17,2 ff. (Guiborc erfährt, dass Auberis entkam): La dame l'ot, si coise auques ses dis, Ne fust si lie por l'oneur d'un païs. Au matinet ont leur fius enfois.

304) Aub. p. 69,27 ff. (Frau des Baudouin): »Sire«, dist ele, je vos ai forment chier; Je ne vos serf mie de losengier, Ains vos aim, sire, plus que nul chevalier.

305) Chans. d. S. II. p. 86,1 ff. (Sebile): »Haï, ce dit Sebile, dame sainte Marie! Verrai-je ja le jor que je soie saisie De ce que me sortis a la moie partie? Jamais n'auroie mal en trestote ma vie.« — Aub. p. 147,26 ff. (Guiborc): »Vos me prendres a per et a mouillier La folle amor deveries bien laissier Et loiaute et prendre et enbrachier.«

306) Chans. d. S. I. p. 237,6/7 (Sebile): A cest mot s'antrebaisent, n'i ot autre rien fait; Mès assez en po d'ore ot son conte desfait. — Aub. p. 41,32 ff. (Frau des Baudoin): »La moie amor vos otroi sans fauser. Asses poons baisier et acoler; Mais autre chose n'i vueilles ja penser, Que riens feisse por le conte aviler.« — ib. p. 72,11/12. (Frau des Baudoin): Entre ses bras ot s'amie acolee, Qu'atre folie n'i ot onques pensée. — cf. Weinhold .I. p. 261 f.

307) Aub. p. 142. *Als König Ouri stirbt, verlautet keine Klage seiner Gattin* Guiborc.

erheuchelter Trauer[308]); ja sie trägt sogar dem Buhlen mit ihrer Hand und ihrem Lande die Ermordung ihres Gatten an[309]). Ist sie glücklich mit dem Geliebten vereint, so wird sie diesem eine stets musterhaft treue Frau[310]).

Bemerkenswerth ist es, dass wie überall da, wo die Frau als sittlich schlecht erscheint, so auch hier in der Rolle der Ehebrecherin mit Vorliebe Heidinnen gezeichnet werden[311]).

2. Verhalten des Mannes zur Gattin.

Die eheliche Zuneigung des Mannes erscheint von vornherein als weniger innig. Ihm geht sein Waffenleben, sein Ruhm und der der Sippe über Alles. Die Frau behandelt er oft mit Misstrauen[312]), immer geringschätzig[313]). Er fühlt sich als ihren unumschränkten Herrn und ist als solcher vielfach ungerecht. Ihre völlige Unterordnung unter seinen Willen erzwingt er durch

---

308) Chans. d. S. II. p. 85,3 ff. (Sebile): Sebile la roïne à la clere façon Plore molt durement, moillié a le menton, Et regrete forment Guiteclin l'Esclavon.

309) Aub. p. 123,11 ff. (Frau des Baudoin): Et si li mande, viengne parler à li. Se il bien vuet, el laira son mari, O lui ira, tant fort l'a encouvi. Se li Borgoins le voloit faire ensi, Qu'eust le conte der siecle departi, El le prendroit a per et a mari, Si seroit cuens et de Flandres saisi; Li eritaiges en venoit de par li.

310) Chans. d. S. p. II. 104,16 ff. (Sebile): Et la dame le sert, quanqu'ele puet s'an paine, Son cors li abandone sanz refuse vilaine, Com cele qui cuide estre de s'amor chastelaine. — ib. II. p. 155,26 ff. (Sebile): Mès, quant ce voit Sebile, neanz est ses pansez, Que Baudoin est morz, c'est droite veritez: Le cors cort ambracier par andox les costez; Plus de .c. foiz li baise et la boiche et le nez. — Aub. p. 163,10 ff. (Guiborc): »Merci, Borgoins, dist la dame au vis fier. Se dieu m'ait, ne fui pax dosnoier, N'onques ne soi .I. point de tel mestier. Nel deuissies ne penser ne cuidier; Car en vos sont trestout mi desirier.« — ib. p. 214,31 ff. (Guiborc): A tous ses homes crie por dieu merci, Que il li rendent Auberi son mari; Tant lor donra, ja mais n'ierent mendi.

311) cf. »Sebile« Chans. d. S. I. p. 10. — »Orable« Guill. d'Or. III. La prise d'Or. v. 410 ff. — »Frau des Madoines«, Foulque de C. p. 49.

312) Karls R. v. 24/25: »Se vus m'avez mentit, vus le cumperrez chier: Trencherai vus la teste od m'espee d'acier.«

313) Gaufr. v. 3945 ff. (Frau des Grifon): Adonc vient à sa fame, en chambre la mena: »Ahy! pute mauvese, chen qui vous quemanda, Que vous avés gari chu mauvez ribaut là?« — Mort de Gar. v. 4303 ff. (Blancheflor): »Laissiez ester, dame,« ce di Pepins, »Et vos et ax prise-je molt petit.«

Drohungen³¹⁴) oder rohe Gewalt³¹⁵): oft muss die Frau sich vor seinen Misshandlungen flüchten, um ihr Leben zu retten³¹⁶). Es kommt selbst vor, dass dieses Züchtigungsrecht von dem Manne einem Anderen übertragen wird³¹⁷). Wenn die Pläne des Gatten es erheischen, verlässt er die Frau ohne weiteres und bleibt Jahre lang von ihr fern³¹⁸). Ueber sein Schicksal lässt er sie im Ungewissen³¹⁹). Eine Einmischung in seine Unternehmungen weist er entweder ab³²⁰) oder geht doch seinen eigenen Weg. Die Rathschläge der Frau befolgt er nicht³²¹);

---

314) Mort de Gar. v. 2515: »Laissies ester, ce dit li rois Pepins; Par Saint Denise ja n'en porront joïr; Et se vers ax vos voleiez tenir, Et vos, et ax feroie repentir.«

315) Gayd. v. 4255 ff. (Frau des Hertaut): Hauce le poing, qu'il ot gros et quarré, Si l'a ferue par entravers le nés Que li clers sans l'an est aval coulez. — Girb. d. M. Hs. O 135a v. 18/19: De la parole se corroca Pepin Leva sa main et si len volt ferir, Quant par les bras la prist le filz Gerin. — Aiol v. 7261 ff. (Esmeraude): Il leva le puin destre, sel feri ens es dens, Qu'il l'abati pasmée desor le pavement. Del sanc qu'ele rendi fu l'ermine sanglens. — Mort de Gar. v. 2165 ff. (Blancheflor): Hauce le gant, sor le nez la feri, Que quatre gotes de sanc en fist issir. — cf. Schulz .I. p. 163. — cf. Weinhold .II. p. 27 f.

316) Girb. d. M. Hs. O 115d v. 7 ff. (Die Königin): Li rois l'oi si en ot maltalent Delez la face lu feri de son gant »Fuiez de ci, dame, alez vos en Vostre parole ne valt ici noiant.« — Aiol v. 7277/78 (Esmeraude): Cele doute la mort, se li dist bassement: »Sire, merchi, por Dieu le pere omnipotent.«

317) Amis et Am. v. 1065 ff.: Et Lubias soz le pin trouverez, Li siens services vos sera presentez, Fiuls de baron voz le refuserez. S'elle voz dist orgoil ne faussetez, Hauciez la paume et el chief l'an ferez.

318) Huon de B. v. 2802 ff.: Dist Garins: »Dame, por Diu, or m'entendés. Aveuc Huon m'en convenra aler; Mes cousins est, se le doi moult amer.« — Raoul de C. p. 297 v. 10/11: Dist Bernier: »dame, plorer n'i vaut noiant. Comment qu'il praingne, n'i demorrai noiant.«

319) cf. Doon de M. v. 100 ff.: — cf. Mac. v. 1312 ff.

320) Mort de Gar. v. 2167 ff. (Blancheflor): »A vos que tient,« ce li a dit Pepins, Se mi baron viénent parler a mi?« — ib. v. 2332 (Blancheflor): »Aiez pais, dame,« ce dist li rois Pepins. — cf. Ren. de. Mont. p. 13, v. 35 ff. — Gaufr. v. 3992 ff. »Dame, cben dist Grifon, pour noient en parlés; — Que ja n'amerai homme qui sache loiautés, Mez tous jours traïson et fine faussetés, Icheus seront tous jours mi dru et mi privés.« — cf. Weinhold .I. p. 249.

321) Mort de Gar. v. 2449 ff. (Blancheflor): »En Loheraine envoiee Mes saisir. Par Deu, Béine, li empereres dit, Ce sont rampones que je ai ci oï; Mais par saint Jaque il n'ira mie ainsi, Se l'aviez ore, et

ihre Warnungen verlacht er[322]). Er kümmert sich überhaupt sehr wenig um seine Gattin, erscheint darum auch nur sehr selten als eifersüchtig und ist mithin leicht zu hintergehen[323]). Die Treue der Frau scheint er von ihrer Furcht vor ihm als selbstverständlich zu erwarten. Angebliche oder vermuthete Untreue ahndet er mit dem Todesurtheil, welches höchstens in Verbannung gemildert wird[324]). Gegenüber dem Flehen der unschuldigen Frau bleibt der Gemahl hart; ihren Rechtfertigungsgründen glaubt er nicht[325]). Von ihm selbst wird die eheliche Treue nie übertreten[326]); er leistet sogar das Gelübde,

---

juré et plevi.« »Je sai de voir, la réine avoit dit, Que vos avez felon cuer de mastin.« — Huon de B. v. 6780 ff. (Esclarmonde) »Sire, dist ele, merchi por l'amor Dé! Atandés tant que m'arés espousé.« »Dame, dist il, non ferai, en non Dé!« — Ren. de Mont. p. 13,36 ff.: »Dame, ce dist li dus, alés vous ombroier Là dédans en vos chambres, et bien appareillier; Laiens à vos puceles prenés à chastoier. Pensés de soie tordre, ce est vostre mestier; Li miens mestiers si est à l'espée d'acier Et ferir et joster encontre un chevalier. Mal dahé ait la barbe à nobile princier, Qui en chambre de dame vait pour lui conseillier!« — cf. Raoul de C. p. 44,21 ff. (*Die Abweisung, welche* Raoul *hier seiner Mutter zu Theil werden lässt, zeigt eine auffallende Aehnlichkeit mit der vorhergehenden.*) »Mal dehait ait! je le taing por lanier, Le gentil homme quant il doit tornoier, A gentil dame quant se va conseillier. Dedens vos chambres vos alez aasier: Beveiz puison por vo pance encraissier, Et si pensez de boivre et de mengier; Car d'autre chose ne devez mais plaidier.«

322) Gar. Loh. II. p. 220,12 ff. (Biatrix): »Laissiez ester ceste chasse à tenir; Sé tu i vas jà n'en revenras vis.« »Diex! dist il, dame, merveilles avez dit, Jà mar croiroie sorciere né devin; Je ne lairoie, por tot l'or que Diex fist, Que je n'i voise, que talens m'en est prins.« — cf. Aub. p. 164 f.

323) Chans. d. S. L p. 107,3 ff. (Sebile): — »Sire, ce dit Sebile miaz vos sauroie aprandre, Se vos volez François angignier et sorprandre, Desor l'aigue de Rune feroie mon tré tandre. Dame, dist Guiteclins, je nel vos quier desfandre.« — Aub. p. 87,15 ff. (*Die Eifersucht des* Baudoin *erscheint als eine Ausnahme*): »Dame, dist il, trop fustes avillee, Quant au Borgoin fustes abandounee; Par druerie vos i estes livree.«

324) cf. Mac. v. 405 ff. — Parise l. D. v. 707/8 (Parise): »Sire, ce dit la dame, .V. c. merciz de Deu, Cant voz à toz mes manbrez me laisiez eschaper.«

325) Parise l. D. v. 636 ff.: — »Dame, ce dit li dux, trop poez demorer; Faites vos confesser, gardez n'i arestez, Quar par la foi que doi tot franc home porter, Jamais n'en mengirai tant com vive soiez.«

326) cf. Gayd. v. 8950 ff.

sie peinlich zu wahren[327]). So wird denn auch die Liebe des Gatten zu seiner Frau betont[328]), aber dieser Fall bildet die Ausnahme. Da ist der Mann liebevoll und zärtlich[329]). Ungern trennt er sich da von seinem Weibe[330], nimmt innigen Abschied[331]), empfiehlt ihrer Fürsorge sein Schloss nnd seine Kinder[332]) und sehnt sich zu ihr zurück[333]). Er tröstet die Bekümmerte[334]), er lässt sie an seinen Plänen und Sorgen theilnehmen und beräth sich mit ihr[335]). Den Werth eines treuen Weibes erkennt er

---

327) Alesch. v. 2246 ff. (Guiborc): »N'aurai sor moi lincel, cortine ovrée, Fors couverture de ma sele afeutrée Et itel robe com je aurai portée. Né jà ma bouche ne sera adesée S'iert de la vostre besiée et savorée En cest palais dont li eitre est pavée.« Lors l'a Guillaume besiée et acolée.

328) Auberon v. 1026 ff.: La prist Cezaires Brunehaut au cler vis; Sa moulliers fu et il li aiens maris, De cuer l'ama et de li fu chieris.

329) Gaufr. v. 260 ff. (Flandrine): Et Doon de Maience entre ses bras la prent, .L. fois la beise Doon en un tenant. Bien la doit quemander à Dieu omnipotent. — Gar. Loh. .II. p. 217,1 ff. Un jor fu Begues au chastel de Belin, De jouste lui la belle Biatrix. Li dus li baise et la bouche et le vis, Et la duchoise moult doucement en rist.

330) Gar. Loh. II. p. 240,2 ff: »Ha! Biautrix, gentis franche moillier Ne me verrez à nul jor desoz ciel.«

331) Ren. de Mont. p. 125 v. 28 ff. (Clarisse): Renaus vint à la dame de cui il fu amés; Doucement l'embraça par en .II. les costés; La contesse le baise par mult grans amistés.

332) Gar. Loh. II. p. 119,2 ff. (Begues su Biatrix): »Dame, dist il, entendez ça a mi: »Pour Dieu vous proi que pensiez de mon fil.« — cf. Ren. de Mont. p. 125,31 ff. — Cov. Viv. v. 1237/38 (Guiborc): »Voir, dit Guibor, amis vos n'i irez, Que mes bons sires le ma bien commandé.« — Huon de B. v. 2805 f. (Frau des Garin): »Or vous proi, dame, du bien faire pensés, Et vos enfans, dame, très bien gardés, Tant que je soie arriere retornés.«

333) Gar. Loh. O 149a v. 10 ff.: »Or voldriez a Bordiax repairier Dedenz vo chambre, delez vostre moillier, Son piz, ses flans, ses costez embrachier.«

334) Huon de B. v. 2809/10: Et dist Garins: »Laisiés vo dementer, Car à court terme, se Dieu plaist, me rarés.«

335) Jourd. de Bl. v. 487 ff. (Erembors): »Por no seignor delivrons nostre fil, Bien le croira li traîtres taillis.« »Je le ferai tout à vostre plaisir, Que prouz iestez et saige.«—Mort de Gar. v. 1617 ff. (Blancheflor): »Mon seignor prie que il mant Auberi, Et si porra ses paroles oïr.« Dist li rois: »Dame, certes, bien avez dit.« — Jourd. de Bl. v. 2559/60. (Oriabiax): »Sire, fait elle, je le voz los et pri, Que le matin noz en partonz de ci.« (Jourdain *folgt ihrem Rathe*).

voll an und ist stolz auf dessen Besitz[336]). So erscheint er auch
als eifersüchtig und wacht über die Treue der Frau[337]). So
vertheidigt er sie als sein theuerstes Gut, begiebt sich für sie in
jede Gefahr, führt ihretwegen Kriege, wenn sie ihm geraubt
wird[338]). Er durchforscht die Länder nach der Verlorenen[339])
und weist die glänzendsten Anerbietungen zu neuer Heirath
entschieden zurück[340]). Es kommt vor, dass er beim Verlust
seines Weibes den Schwur leistet, sich nie anderweitig zu ver-
mählen[341]). Stirbt die Gattin, so endet er auch wohl als Ein-
siedler sein Leben[342]).

---

336) Raoul de C. p. 282 v. 25/26: »Père de gloire, tu soies aourés,
Quant de ma feme ne sui pas vergondés!« — cf. *Anm. 232.* — Alesch.
v. 8050 ff. — Auberon v. 959: Por sa moullier fu Mantanors joians.

337) Aub. p. 161,12 ff. (Guiborc): Mais d'une chose la dame
s'espoente, Que li Borgoins ne cuit qu'ele li mente; Que il n'a home de
si qu'aus pors d'Outrente, Si plain d'engin ne de mal ensciente.

338) cf. Huon de B. v. 7010 ff. — Aiol v. 9820 ff. — ib. v. 1880 ff.
— Jourd. de Bl. v. 2382 ff. — Bueves de C. v. 769 ff. Beatris sa moillier
regrete doucement: »Douce amie«, fait il, com ariés cuer] dolent Se
saviés no meschief et nostre grief torment.« — Raoul de C. p. 255,1/2: Et
l'empereres fu dolens et marris Por la roïne que enmainne Géri.

339) Aye d'Av. v. 1998 ff. (Aye): »Com] sui por vostre amor traveillie
et penée, En aliennes terres vendue et tregetée.« — ib. v. 2240 ff: Quant
Aye vit Garnier, si l'a mis a raison; »Com vos ai travaillié, gentil
fiz de baron; Damediex, si li plest, t'en rende guerredon.« — ib. v.
3093 ff. (Aye): »Haï! tant mar i fustes, franc chevalier hardi! Por moi
vos vint la guerre des glotons maléis; Ja m'alastes vos querre ou regne
as Arrabis, Dont vos me ramenastes comme loial amis.«

340) cf. Huon de B. v. 7530 ff. — Aiol v. 9830 ff.

341) Berte a. gr. p. v. 2540 ff.

342) Girb. de M. Rom. Stud. IV. p. 546,11 ff. Ne demorai que un
mois et demi, Que Audegons de cest siecle partit, Et Hervis moinnes se
rendi à Cligni. — Gaufr. v. 10,445 ff: En .I. bois se bouta en une
hermiterie, Illeuques fu hermite tous les jors de sa vie — cf. Gayd. v.
10,867 ff. (Claresme): Elle morut, ainz .I. an perdi vie. Gaydes en ot
grant duel, n'en doutez mie. Ainz nus confors n'i valut une aillie. . . .
L'estoire dist et la leitre le crie Qu'il en ala en une desertie: La fu
hermites touz les jors de sa vie Et servi Deu, le fil sainte Marie.

V. Die Frau als Mutter.

Fast immer liebt die Frau ihre Kinder zärtlich. Vorzüglich bilden Knaben ihren Stolz und ihre Freude[343]). Den eben geborenen Sohn zeigt sie hochbeglückt den Rittern[344]) und ist untröstlich, wenn er ihr von Räubern gestohlen wird[345]). Dem entsprechend ist ihre Freude, wenn sie einen entführten Sohn zurückerhält[346]). Die Frau, der ihre Knaben geraubt werden, klagt auch im grössten eigenen Elend immer nur um jene, selbst Angesichts des Todes[347]). Bei der Trennung von ihren Söhnen wird die Frau fast immer ohnmächtig vor Schmerz[348]). Jahre-

---

343) Raoul de C. p. 54,21 ff. (Marsent): »S'uns gentils hom fist de moi sa maistriere, .I. fil en ai, donc encore sui plus fiere.« — ib. p. 55 v. 22 ff.: Bernier i vint vestus d'un riches dras Véir sa mere, si descendi en bas. Ele le baise et prent entre ces bras, Trois foiz l'acole, ne ce fist mie mas. — p. 5 v. 6 ff: Dame Alaīs n'ot pas le cuer frarin. Son fil coucha an .I. chier drap pourprin.

344) Parise l. D. v. 829 (Parise): »Par la foi que vos doi, un damoisieaus est né.«

345) ib. v. 876 ff. (Parise): »Raimons, dit la duchesse, or sumes de ssevré; Jamais an vostre vie, ce cuit, ne me verrez; A Dammedeu de gloire soit vos corz commandez, Et Dex fera de moi totes ses volentez. Car j'ai perdu un fil que Dex m'avoit doné, Ge ne quier mais de ciel lumere ne clarté.« — Raoul de C. p. 296 v. 2 ff. (Tochter des Géri): »Juliiens, fix, trop vos perdi petit. Malvaisement avés esté norris. Diex nostres sires, par la soie mercit, Me doint encor de vos novelle oïr.«

346) Parise l. D. v. 1489/90 (Parise): »Car me baisiez, biauz fiz, por sainte charité. Ja este vos mes fiz,. si voir con Dex est nez.« — Raoul de C. p. 319 v. 8 ff. (Tochter des Géri): Baisiet li a et la bouche et le nés. »Biax fix, dist-elle, bien soiés vos trovés; Bien soit dou père qui vos a engenret.«

347) Doon de M. v. 218 ff. (Marguerite): Et la dame remaint qui grant duel a mené. Damedieu reclama, le roy de majesté, Et la dame du chiel que par sa grant pité, Sez enfans li ramaint en vie et en santé. — ib. v. 774 (Marguerite): »Lasse! my enfanchon, bien soy qu'il sunt murdri!« — ib. v. 1054 ff: La dame fu o pel, où le glout l'atacha, A genoullons tous jours à Damedieu pria, Ainsi comme il la fist et comme il la fourma, La deffende de mort, si com le poveir a, Et li gart ses enfans, que on tolu li a. — Gayd. v. 4460/61 (Frau des Hertaut): »Lasse! fait ele, bien voi que prins serons. De moi ne chaut, mais mon fil ocirront.«

348) Hug. Cap. v. 1171 ff: Soramonde la dame tel yre à sen cuer prent, Quant partir vit sen filz qui à li congié prent, Qu'elle quéy pasmée

lang verlorene Knaben erkennt ihr Mutterherz gleich wieder[349]). Sie erzieht in ihnen namentlich Frömmigkeit, ritterlichen Sinn, Freigebigkeit, Ehrfurcht vor den Geistlichen[350]). Sie schilt den zu lange thatenlosen Sohn[351]); in allzu zarter Jugend will sie ihn aber auch nicht in die Welt ziehen lassen[352]). Sie ermahnt ihn zur Tapferkeit und belobt diese[353]): allzu kühnes Vorgehen tadelt sie voll Furcht für sein Leben[354]). Immer ist sie in zärtlicher Sorge um den Sohn und sucht zu vermeiden, dass er sich in Gefahr begiebt[355]). Im Kriege vertraut sie ihn wohl

---

desus le pavement. — Ren. de Mont. p. 97, v. 26 (Aye): La duçoise se pasme sor son mul sejorné. — cf. Gui de N. v. 2915 ff.

349) cd. Aye d. av. v. 3615 ff. — Parise l. d. v. 1480 ff.

350) Parise la D. v. 1592 ff. (Parise): »Biauz fiz, ce dit la mere, si soiez anorez, Comme la sainte croiz ou Jhesu fu penez.« — ib. v. 1490 (Parise): »Ja este vos mez fiz, si voir, com Dex est nez.« — Raoul de C. p. 56 v. 11/12 (Marcens): »Fix, dist la mere, par ma foi droit en as. Ser ton seigneur, Dieu en gaaingneras.« — Aiol v. 492 ff. (Avisse): »Or en irés en France, fiex,« dist li mere, — Jhesu vos i laist faire tele saudée, Dont li cors soit garis et li ame savée.« — Raoul de C. p. 319 v. 18 ff. (Tochter des Géri): »Anfant, dist-elle, molt nos devés amer, Et vostre pere servir et honorer; Le roi de France à vo pooir garder, Car contre cel ne puet nus hons aler, Et cil i va à mal li doit torner; Et la couronne essausier et lever. S'ainsis le faites, com vos m'oés conter, Sos ciel n'a home qui vos puisse grever.« — Huon de B. v. 560 ff. (Wittwe des Séguin): »Enfant, dist ele, vous alés cortoier: Je vous requier pour Diu le droiturier, Que n'aiés cure de malvais losengier, As plus preudommes vous alés acointier. A sainte glise pensés du repairier, — (cf. A. Schulz I. p. 122). Portés honnor et amor au clergié. Donnés du vostre as povres volentiers; Soiiés courtois et larges vivendiers, Si serés plus amés et tenus chiers « — cf. Léon Gautier, p. 417 f.

351) Foulque de C. p. 5,15 ff. (Frau des Hue): »Fils, trop te hez: molt as le cuer felon. Qu'or te laidient escuyer et garçon Li uns à l'autre: vois la gaite-tison. Trop longuement portez esmerillon. Ne creez mie vostre pere Huon. Prenez les armes qui qu'en poist ne qui non.«

352) Aiol v. 131 ff. (Avisse): »Sire, che dist la dame, chou por coi dites? Mes enfes est si jovenes n'a point de vides: Molt tost le torneront Franc à folie.«

353) Bueves de C. v. 1629 ff. (Ermengars): Au col son fill Guillaume a andeus ses bras mis. »Bien soiés vous venus«, fait ele, »sire fis, De tres haute prouece estes li vrais rubis.«

354) ib. v. 565 ff. (Ermengars): »Guillaume, sire fiex, li vostre hardement Nous ont à ce mené, je le sai vraiement «

355) Raoul de C. p. 42 v. 25 ff. (Alais): »Quant te verront ti seul sans compaingnon, Trancheront toi le chief sor le menton. Et je, biax

einem älteren Verwandten zur Aufsicht an[356]). Für die Aufnahme ihrer Söhne in den Ritterstand ist sie lebhaft interessirt und selbst thätig[357]). Unter Freudenthränen begrüsst sie die Jünglinge, wenn sie sich den Ritterschlag geholt haben[358]). Den ritterlichen Sohn führt die Mutter selbst dem Kaiser zu, damit er ihn in sein Heer aufnehme, bittet ihn aber, auf ihn Acht zu haben[359]). In Ehren will sie ihn wiedersehen, sei es lebend oder todt[360]). Den Sohn, der seine Heldenlaufbahn begonnen hat, ermahnt sie: Strebe weiter; halte in der Schlacht zum Vater, fürchte Gott[361]).« Sie waffnet ihn wohl selbst; bevor er in den Kampf geht, küsst sie ihn und empfiehlt ihn dem

---

fix, foi que doi saint Simon, Morrai de duel, n'en aurai garison.« — Aiol v. 7347 ff. (Frau des Hertaut): »Biaus fieux, che dist la dame, cil Dex te puist aidier Qui en la sainte crois se laissa travellier.«

356) Raoul de C. p. 140 v. 5 ff. (Alaïs): »Sire Geri, on vos en doit blasmer: Je vos charchai mon effant à garder: En la bataille le laissastes sevrer.«

357) Aye d'Av. v. 2408 ff. (Aye): »Pour Dieu, sire Ganor, dist Aye la vaillans, Or faites adouber ambedui vos enfans; Bien poent porter armes, moult sunt andui vaillans, Vous metrez les hauberes et les elmes luisanz, Les escus et les lancez et les destriers courans; Et je metrai les pourprez, les pailez aufriquans Et le ver et le gris, dont je sui bien puissans.« — cf. A. Schulz .I. p. 146. *Die Mitwirkung der Mutter nicht erwähnt.*

358) Mort de Gar. v. 553/54: Qui donc véist la bien faite Aéliz Entre ses braz l'enfant Girbert tenir! — Mort de Gar. v. 1802 ff: Baisier les va lor mere Biatris; Tot en plorant molt docement lor dist; »Mi bel enfant que vos a fait Pepins?« »Molt bien«, madame ce li a dit Gerins. — Raoul de C. p. 39 v. 7 ff: Li quens Raoul descendi au perron. Dame Alaïs, à la clere façon, Son filg baisa la bouche et le menton.

359) Chans. d. S. I. p. 85,5 ff. (Frau des Tierri): »Gentis rois, dit la dame, por Deu qui maint la sus, Je vos commant la riens que onques amai plus: Nel laissiez folement chevauchier sanz ses druz; Si soit de vos maisnie gardez et retenuz. D'icest jor en avant te çoveigne de lu.«

360) Chans. d. S. I. p. 85,10 (Frau des Tierri): »Ou morz ou vis me soit en Ardene randuz.«

361) Gaufr. v. 242 ff: »Biau fix, chen dist Flandrine, or es gonfanonnier: Encor te pourra Dieu moult plus haut avanchier. Mès d'une seule chose, biau fix te voeil proier, Quant serés assemblé à la gent l'aversier, Que ne guerpis ton pere u gent estour plenier; Pensés de la loi Dieu toutes fois essauchier.«

Himmel[362]). Ueber Heldenthaten des Sohnes weint sie vor stolzer Freude[363]). Beim Scheiden mahnt sie ihn, ihrer und seines Vaters nicht zu vergessen[364]). Sie nimmt innigen Antheil an dem Geschick ihrer Söhne: sie klagt, wenn Feinde ihr Kind bedrängen[365]). In der äussersten Noth flüchten die Helden sich zu ihrer Mutter, bei der sie immer Liebe, Rath und Hülfe finden, und die sie auch gegen den Vater in Schutz nimmt[366]). Streit zwischen dem Gatten und Sohn schlichtet die Frau[367]). Sie erfleht vom ersteren fussfällig die Begnadigung ihres verurtheilten Knaben[368]). Dem Manne, der seinen Sohn roh behandelt, zürnt

---

362) Aiol v. 7384 (Esmeraude): Ele baisa son fil, a Dieu le commanda. — Doon de M. v. 4980 ff. (Marguerite): Tant regarde vers li qu'ele ne pot chillier, Et prie de bon cuer le haut Roy justizier Que son biau corps li gart de mort et d'encombrier.

363) Berte a. gr. p. v. 72 ff. (Mutter Pipins): Charles Martiaus meismes keurt son fill acoler, Et sa mere encommence de la joie à plorer: »Biaus très dous fils«, fait ele, conment osas penser Que si hideuse beste osas ains adeser?« — Bueves de C. v. 1632 ff. (Ermengars): »L'eure soit beneoite que en mes flans gesis, De no gent ne fust hui eschapés nesuns vis Ne fust la grans valours qui en vous maint tousdis Et adès monteploie.«

364) Parise la D. v. 1594 (Parise): »Biauz fiz por Dieu vos pri que vos ne m'obliez.« — Gaufr. v. 7525 (Flandrine): »Fix, de moi te souviengne, pour Dieu le roiamant!« — Aiol v. 496 ff. (Avisse): »Por Dieu, n'obliés mie vostre chier pere Qui chi remaint malades en tel contree.«

365) Ren. de Mont. p. 91 v. 14/15 (Aye): »Enfant mult iestes povre et mesaise aves grant Donc n'avés vos o vos chevalier ne sergent?« — Aye d'Av. v. 2389 ff. (Aye): »Biau fix, ce dist la mere, com vous est couvenant? Li parent Guenelon vous vont moult ramposnant.«

366) Ren. de Mont. p. 52 v. 31 ff. (Aye): Quant la dame l'oï, de dolor a ploré: »Hélas ce lor dist ele, chaitif mal eüré, Il ocirront vo pere, se il ont encontré. Biaus fil, ales vos ent, par Deu de majesté; Portés de mon avoir à mult grande plenté. Ne soiés en dangier de nul home carné.« — ib. p. 95 v. 32 ff. (Aye): »Enfant, ce dist la dame, ne vos aseürés. Votre pere s'en est fors del palais alés; Ja n'i rentrera mais, si en serés tornés.«— p. 92 v. 8 ff. (Aye): »Sire, ce sunt ti fil que traveilliés as tant, Hesbergié sunt ànuit por Deu le roiamant. Le matin s'en iront par son l'aube aparant.«

367) Mort de Gar. v. 913 ff: Quant Audegons, la bone dame, i vint, A voiz escrie: »Quest-ce, Rigaus, Biax fils, Viax tu ton pere correcier ne laidir? Alez vos en, dit la mere, Biax fils.«

368) Floov. v. 130 ff. (Die Königin): Quant le sot la roïne, merci li vai crier; Le pié li a baisié, la janbe et le souler.

die Gattin und droht ihm mit Auflösung der Ehe, wenn er ihrem Kinde nicht Genugthuung giebt[369]). Mit dem Sohne vereinigt sich die Frau wohl zum Widerstande gegen den schlechten Gemahl[370]).

Die Freunde und Wohlthäter ihres Kindes sind auch ihre Freunde und sie ist ihnen innig dankbar[371]). Gegen die Feinde des Sohnes ergreift die Frau Partei. Für den von den Heiden bedrängten Helden, der bei allen Verwandten vergebens Hülfe sucht, tritt schliesslich seine bejahrte Mutter ein und erklärt in prächtiger Rede, dass sie ihr Kind nie verlassen, dass sie ihm ihre Schätze öffnen und mit dem Harnisch angethan selbst für seine Sache streiten wolle[372]).

Verliert die Frau den Gatten, so beklagt sie namentlich das Schicksal ihrer verwaisten Knaben[373]): sie vermählt sich nicht wieder, um ihnen das Erbtheil zu erhalten[374]). Fallen

---

369) cf. Hervis, Hub. p. 13. (Ayelis *verlangt von ihrem Gatten Genugthuung für den von ihm misshandelten Sohn.*) — cf. A. Schulz I. p. 163. *(Das Züchtigungsrecht der Väter.)*

370) cf. Aiol v. 7325 ff. — Aub. p. 170, v. 3—16. — Gayd v. 4285 f.

371) Floov. v. 192 ff. (Die Königin): Saisi lou por la rene et puis por son espié, Et si li a baisié, les eperons des piez. »Merci, fait il, bausire, por Deu lou droiturier, Que de mon fiz voz prangne et marci et pitié« — Aye d'Av. v. 3730 ff. (Aye): »Sire rois, fait dame Aie, bien soiez vous venu; Vos avez mon enfant de la mort secoru, Vos l'éussiez destruit si vos éust pléu, Et vos l'avez armé, norri et chier tenu. Ja n'iert si riche chose que il vous fust tolu, Que je ne vos donnasse si vous avoit pléu.«

372) Alesch. v. 2956 ff. (Hermenjart): »Par Deu, François, tuit estes recréant! Aymeri, sire, or te va cuers faillant! Biau filz Guillaume, ne te va esmaiant; Par cel apostre que quierent penéant! Encore ai-ge un tresor eissi grant, Ne le trairoient .II hués en charoiant. Tot le donrai, n'en remendra besant, As soudoiers qui seront combatant. Et je méismes i seré chevauchant, L'auberc vestu, lacié l'iaume luisant, L'escu au col et au costé le brant, La lance el poing, el premier chief devant, Por ce se j'ai le poil chenu et blanc, S'ai-je le cuer hardi et combatant; S[i] aideré, se Deu plest, mon enfant.«

373) Gar. Loh. II. p. 267,14 ff. (Biatrix): Ele regrete et Hernaut et Gerin: »Enfant, fait-ele or estes orphenin, Mors est li dus qui vos engenoï. Mors est li dus qui vos devoit garir.«

374) Doon de M. v. 160 ff. (Marguerite): »Se me sires est mort, qui moult estoit preudon, Ne voeil pas mez enfans meitre à destruction

ihre Söhne im Kampfe, so gilt ihr das Leben nichts mehr: sie beklagt sie ergreifend[375]), sucht sie zu rächen[376]) und folgt ihnen auch wohl bald vor Kummer in das Grab[377]).

Für ihre Töchter hegt die Frau eine ebenso innige Zuneigung. Ungern lässt sie die zur Ehe bestimmte scheiden. Sie ermahnt sie, fromm und gut zu bleiben. Sorglich, nach bestem Wissen, wählt sie ihr Dienerinnen. Der endliche Abschied wird ihr gar schwer: sie bittet die Tochter um ein Andenken[378]). Schrecklich ist es ihr, Klagen über dieselbe zu hören[379]). Falsche Beschuldigungen glaubt sie nicht und sagt den Verläumdern: »Ich

---

Leur terrez, ne leur fiez, ne leur possession. — Raoul de C. p. 44 v. 29; p. 45. v. 1 ff. (Aalaīs): »Biax fix, dist-ele, ci a grant destorbier. Jà vi cel jor que je t'oi grant mestier, Quant li François te volent forjugier. Donner me volent le felon pautonnier, Celui del Maine le felon soldoier. Je nel vos prendre, ne avec moi colchier. Ainz te norri que molt t'avoie chier.«

375) Mort de Gar. v. 2034 ff: Audegons plore, si les a regretés: Li mien enfant, com m'iestes hui emblé! Lasse! dolente, com sui en grant nerté! Mon fier lignage et mon grant parenté Voi en cest siegle durement tormenter: Terre car euvre; lairai moi enz coler Po pris ma vie: ma joie et ma santé.« — Raoul de C. p. 139, v. 19/20: Dame Alaīs quant revint de pasmer, Son fil regrete, ne se pot conforter. — Girb. de M. Rom. Stud. IV. p. 522,5 (Helissens): »Laisse« dist elle, »com grant duel a ici!«

376) Raoul de C. p. 147 v. 3 ff. (Alaīs): »Biax niés, dist-ele, or sai de vérité Raoul vostre oncle avez tout oublié, Son vasselaige et sa nobilité.« — ib. p. 206 v. 3 ff. (Alaīs) D'autre part garde, si voit gesir Bernier. Seure li cort, si saisi .I. levier. Jà l'éust mort sans autre recovrier, Mais li baron ne li laissent touchier.

377) Girb. de M. Rom. Stud. IV. p. 546,11 ff. (Audegons *nach dem Tode ihres letzten Sohnes* Rigaud: Ne demorai que un mois et demi, Que Audegons de cest siecle partit.

378) Berte a. gr. p. v. 206/7 (Blancheflour): »Cel anel de vo doi o moi emporterai, En lermes et en plors souvent le baiserai.« — ib. v. 211 ff. (Blancheflour): »Fille, à Dieu vous commant, par cui li solaus raie; Or vous faites amer gent letrée et gent laie. Qui de bien est venus, drois est k'à bien retraie. Adès de plus en plus, si que jà n'en retraie.«

379) Berte a. gr. p. v. 1739 ff. (Blancheflour): »Dieu«, fait ele, »dont vient si faite dyablie? Jà fu Berte ma fille en si bon lieu norrie, Et s'est née et estraite de si bonne lignie.« — ib. v. 1786 ff. (Blancheflour): »Or a bien fait compieng de sa clere fontaine, Car c'est la plus haīe k'ainc vesti drap de laine. Diex, par ta grant douçour, à droit port la ramaine.«

kenne das Kind, das ich unter dem Herzen trug[380]).« Den gegen die Tochter gerichteten Verrath entlarvt die Mutter[381]). Nach der Verlorenen durchsucht sie die Welt[382]): um möglichst rasch zu ihr zu eilen, gönnt sie sich nicht Zeit zum Essen[383]). Sie wird ohnmächtig vor Glück, als sie das geliebte Kind wiederfindet[384]). Sie möchte sterben, wenn sie ihr auf immer entrissen ist[385]). Ehre und Freiheit der Tochter ist sie bereit mit ihrem Leben zu erkaufen[386]). Das innige Verhältniss der Mutter zur Tochter äussert sich namentlich in ihrer Sorge derselben einen Gemahl zu verschaffen[387]). Dabei berücksichtigt sie im

---

380) Mac. v. 1787 ff. (Die Kaiserin): »Mesagiers freres, le sens avés changié; Bien conois cele qu'en mon ventre ai porté; Ce que vos dites est trestot fausetés. N'en poroit estre por trestot l'or de Dé, Que moie fille tant osée fit esté Qu'a son segnor éust fait mauvaistié.«

381) Berte a. gr. p. v. 2126 ff. (Blanchefleur): »Aïde Diex,« fait ele, »qui onques ne menti, Ce n'est mie ma fille que j'ai trouvée ci; Se fust demie morte, par le cors St. Remi, M'eüst ele baisie et assez conjoï.«
— ib. v. 2131 ff. (Blancheflour) Le grant huis de la chambre Blancheflor entrouvri, La maisnie apela, qui l'atendent ilri: »Venez avant, fait ele, pour Dieu je vous en pri, N'ai pas trouvé ma fille, on m'a dou tout menti; Jà sarai se c'est voirs, se Diex l'a consenti.« — ib. v. 2156/57: Et Blancheflour s'escrie: »Harou, traï, traï! Ce n'est mie ma fille, lasse, dolente, aimi!«

382) Jourd. de Bl. v. 3055 ff. (Oriabiax): »Sire Renier, por Deu le fil Marie, S'or faisiez tant à mon seignor d'aïe Qu'avoir poïsse ma fille en ma baillie, Vostre seroie touz les jors de ma vie.«

383) Berte a. gr. p. v. 3035 ff.: Mais Blancheflour n'i a ne mengié ne beü, Por l'amour de sa fille a le cuer esperdu, Que mais ne sera aise si avera seü Se c'est Berte sa fille, tost l'avera seü.

384) ib. v. 3090/91 (Berte): Tantost connut sa mere, au piés li est alée Et Blancheflour de joie à terre chiet pasmée.

385) ib. v· 2387 ff. (Blancheflour): »Hélas! pourquoi ne crieve mes cuers souz ma chemise? Je n'arai jamais joie, par le cors St. Denise, Se je tous jours duroie jusk'au jour dou juïse.« — Jourd. de Bl. v. 3240 ff. (Oribiax *erfährt den Tod ihrer Tochter*): Quant el l'antent, si se pasme sovine. Detort ses poins et debat sa poitrine. Ses chevex tire et desrompt sa poitrine Quant se redresce, si se clainme chaitive, »Lasse, dolante! ce dist la palazine, Por quoi fui onques née!«

386) Hug. Cap. v. 4666 ff. (Blancheflour): »Va, glous, dist la roïne, t'aiez malaïchon! J'aime miex à morir à grant destruision, Que le cor de me fille euwist en abandon.«

387) Aiol v. 2122 ff.: Ysabiaus prist sa fille par le main destre, En sa cambre l'enmaine, si l'en apele: »Fille, cis enfes samble de fiere geste;... Por Dieu te pri, fille, que bien le serves, Ne li faite nus biens qui soit en tere.«

Gegensatz zu dem Vater immer die Wünsche ihres Kindes, will also sein Glück begründen[388]). Sie verbindet sich wohl mit der Tochter gegen den Gatten und überliefert sie sicher in die Hände des Geliebten[389]). Die Rache des Gemahls erträgt sie furchtlos und ist nur immer für ihr Kind besorgt[390]). Eine nach ihrer Ansicht für ihre Tochter unglückliche Ehe weiss sie gewandt und muthig zu verhindern und ihr den rechten Gemahl zu sichern[391]). Wo ihre eigene Leidenschaft die gleiche ist wie die des Mädchens, verzichtet sie meist zu Gunsten des letzteren[392]). Auch die niedrig geborene und sittlich schlechte Frau bietet für das Glück ihrer Tochter ihr ganzes Leben auf, stirbt sogar für sie[393]). Aber es giebt auch Frauen, denen das Wohl ihrer Kinder weniger als das eigene am Herzen liegt. Von einer

---

388) Hug. Cap. v. 2344 ff. (Blancheflour): Quant l'entent la roïne, Huon moult regarda. Et puis tout en riant le mesaige apella. »Amis, dist le roïne, on vous respondera: Fedris premierement me fille point n'ara.«

389) Doon de M. v. 7933 ff. (Helissent): »Je sai l'afere tout et à quoi vo cuer bée Et por quoi venu estes en icheste contrée, Ch'est pour ma fille avoir et qu'ele soit donnée Au preus conte Doon de Maience la lée. Je n'atendrai jà tant qu'ele me soit rouvée, La puchele li doins par bonne destinée, Et voeil que ele soit maintenant espousée Et le servise fet et la messe cantée Et que enquenuit soit coiement, à chelée, Nueite entre ses bras en chambre encourtinée.«

390) Doon de M. v. 10,551/52 (Helissent): »Ma fille, en vostre mort n'a coupes se je non. Moult te cuidoie bien meitre à garison.« ... La dame pleure et crie, ne se pot conforter, Bien voit que de la mort ne puet pas escaper.

391) Hug. Cap. v. 670 ff. (Blancheflour): »Savary, dist le dame, on vous respondera: Vous estes moult poissans, nous le savons piecha; Me fille demandez qui roïne sera. Il n'apertient à moy que je le donne jà, Mais à son grant linaige savoir on le fera Et par les pers de France, ainsy on ouvera. — ib. v. 822 ff. (Blancheflour): »Baron, ce dist la dame, or ne vous dezagrée, J'ai mandé les bourgois de ceste chité lée, S'en sera, se Dieu plaist, no chose confremée.«

392) Hug. Cap. v. 2441 ff. (Blancheflour): »Se vous amez Huon blamer ne vous ai say, Et de ce qu'avez dit je ne vous blamerai, Car à moi n'apartient de moy mettre en assay D'amer, car jamais plus ne me marierai.« — cf. Aub. p. 147,15 ff.

393) Berte a. gr. p. v. 351/52 (Margiste): »Fille, ce dist la vielle, moult forment vous ai chiere, Car vous serez roïne, se Dieu plaist et St. Pierre.« — cf. ib. v. 2287 ff.

solchen Mutter verlautet keine Klage, wenn ihre Knaben geraubt werden[394]). Habsucht oder Liebesleidenschaft lassen sie wohl ihre Kinder ganz vergessen. In der Noth sucht sie sich und ihre Schätze in Sicherheit zu bringen, will dagegen ihre Söhne zurücklassen[395]). Gleichgültig erfährt sie die Ermordung derselben durch ihren Liebhaber[396]), verhilft diesem zur Flucht und reicht ihm späterhin unbedenklich ihre Hand[397]). Von der mit ihr in denselben Ritter verliebten Tochter verlangt sie, dass sie ihre Neigung aufgiebt[398]). Aber diese Züge gelten nur für die niedrig geborene oder heidnische Mutter. Christliche und edle Frauen sind bessere Mütter: sie werden nur durch gute Motive zu einem immerhin unnatürlichen Opfermuth verleitet. Um eines hohen Zweckes willen sind sie bereit, ihre Kinder in den Tod zu liefern[399]) und thun dies wirklich[400]). Ja, die Mutter

---

394) cf. Aiol v. 9150 ff. *(Als die Knaben von Aiol und Mirabel getrennt werden, klagt darüber nur der Vater)*.

395) Berte a. gr. p. v. 1838 ff. (Aliste): »Bien sai que par mes piés conneües serons, N'ai pas de la moitié tés piés ne tés talons Comme ot Berte no dame, qui nous traïe avons, Ce fu par vo conseil, dont cest grant mesprisons. Je lo en bonne foi que nous nous en alons, Argent et or en plates sor les somniers troussons; Mes deus enfans ici à leur pere lairons, Cil n'ont mort deservie, pas à ce ne pensons. Droit à la mienuit ou chemin nous metons, En Puile ou en Calabre ou en Sezile alons; — De prester à usure très bien nous guirons, Autrement ne voi pas comment nous eschapons, Car s'on set nos malices, bien sai k'arses serons.«

396) Aub. p. 12,5 ff. (Guiborc): La dame l'ot, tantost respondu a: »Auberis sire, cil qui le mont cria, Le te pardoinst et encor t'amaint ça.« *(Guiborc schenkt dann dem Mörder ihrer Knaben einen wunderthätigen Ring, der die Eigenschaft hat, das Ross des Reiters nie ermüden zu lassen und bewirkt so sein Entkommen).* — cf. Anm. 303.

397) Aub. p. 147,24 ff. (Guiborc): »Mais se vos tant vos volies abaissier Por Dieu avant et por moi seurhaucier, Vos me prendrés à per et à mouillier.«

398) Aub. p. 150,1: Dist Seneheus: »par foi et je l'otri.«

399) Amis et Am. v. 3228 ff.: Dist Belissans: »sire Amile bons ber, Se je cuidaisse hui main à l'ajorner, Que volsissiez mes anfans decoler Remese fuisse, gel voz di sans fausser, por recevoir d'unne part le sanc cler.«

400) Jourd. de Bl. v. 583 ff. (Erembors): »Li fiz Girart por le mien iert delivres, Gel livrerai à Fromont le traître, Si l'ocirra à s'espée fourbie. Le fil Girart cuidera il ocirre.«

kann selbst zugegen sein, wenn ihr so geopferter Knabe getödtet wird[401].

VI. Verhalten der Frau gegen entferntere Verwandte.

Für alle Angehörigen ihrer »Geste« legt die Frau eine entschiedene Zuneigung an den Tag. Vettern, Neffen werden mit Freuden begrüsst, mit auffälliger Zärtlichkeit willkommen geheissen, unter Thränen beim Abschied entlassen[402]. Bei der verheiratheten Frau erscheint dieses innige Verhalten zuweilen bedenklich[403] und wird von den Gegnern übel ausgelegt[404]. Für das Schicksal dieser Anverwandten ist die Frau lebhaft interessirt[405], oft mehr als für das des Gatten[406]. Sie unterstützt

---

401) cf. Jourd. de Bl. v. 682 ff. (Erembors *sieht zu, als* Fromont *ihren Knaben ermordet*).

402) Girb. d. M. Hs. O 153b v. 15 ff. (Blancheflor): Et la raïne qui del mostier venoit .XX. chevaliers et .I. evesque o soi Girbert encontre, beise le .IV. fois. — Girb. d. M. Hs. O 146d v. 11 ff. (Blancheflor): Plorant se beisent, quant vint au departir. Au roi s'en vint la reine au cler vis, Vet s'en Girbert, si aquelt son chemin. — Mort de Gar. v. 963 ff. (Blancheflor): Et la réine entre ses bras le prist: »Molt a grant piece, sire, que ne vos vi.« — ib. v. 1438/39. (Blancheflor): Et la réine à l'encontre li vint, A vois escrie: »Bien veigniez, biax cosins!« — Girb. de M. Rom. Stud. IV. p. 478,26: Et la roïne au gent cors avenant Plus le desire que mere son anfant. — ib. p. 498 v. 1. (Blancheflor): »Girbert meu nes; mes drus et mes amins.« — Mort de Gar. v. 463 ff. (Blancheflor): Vint en la chambre o la réine gist. Ele se drece, entre ses bras le prist, Puis li baisa et la boche et lo vis: »Sire Girbers, mes cuers et mes amis;« — Raoul de C. p. 148 v. 3 ff.: Li sors Géri descendi au degré. Dame Alaïs qui l'ot en grant chierté Als encontre, s'a le conte acolé.

403) Mort de Gar. v. 438 ff. (Blancheflor): Forment l'esgarde la franche empereris, Car il fu biax, cortois et bien apris, Et a la dame moult très durement siet.

404) Gar. Loh. II. p. 110,8 ff. (Blancheflor): »Tais folle garce«, dist Bernars de Naisil, »Fols fu li rois quant de vous s'entremit.« — cf. Girb. de M. Rom. Stud. IV. p. 516 v. 13 ff. — ib. p. 517 v. 19/20 (Blancheflour): »Si m'ait Deus la boune dame a dit, C'onques Girbers iteil plait ne me quist.« cf. Anm. 297.

405) Raoul de C. p. 160 v. 26 — p. 161 v. 2: Dame Aalais au gent cors honoré Als encontre, s'a Gérin acolé. — »Sire: dist-ele, por sainte loiauté, Que vos resamble del nouvel adoubé? A-il mon fil de noient restoré?« — ib. p. 168, v. 1 ff. (Aalais): »Biax niès, dist-ele, com vos est covenant? De ceste guere qui par est si pesans, Vos en morrez, jel sai à esciant.«

406) Mort de Gar. v. 4217 ff. (Blancheflour): Et la réine haltement

dieselben überall eifrig mit Rath und That[407]), ist erfreut über ihre Erfolge[408]), beklagt ihr Missgeschick[409]), betrauert ihren Tod[410]). Jüngeren Mitgliedern der Sippe verhilft die fürstliche Frau zum Ritterschlage, beschenkt sie reich[411]), wird den Verwaisten völlig zur Mutter[412]). Das Verhältniss der Frau zu einem Onkel ist wie das zum Vater ein hingebendgehorsames[413]): die

---

respondi: »Bien soit venus mes cosins, mes amis Et Dex maudie ses mortex anemis!« — »Vos dites mal, dame, ce dit Pepins, Que savez ore se il sont mi ami?«

407) Mort de Gar. v. 1497 ff. (Blancheflor): Ses gages fait la réine aquiter: Son bon cheval a fait Rigaut doner. Au congié prenre le corut acoler Au departir commença a plorer. — Girb. de M. p. 472,15 ff. (Blancheflour): Semounois moi les chevaliers de pris, Chascuns t'enuoit ou son freire ou son fil, Ou son nevou ou son germain cousin. Fai chevauchier desor tes anemins Droit à Bordelle sor Fromont le marchis.« — ib. p. 474, v. 20/21: De Heilui vos dirai qu'elle fit, Elle i envoie bien .III. cent fervestis. — Girb. d. M. Hs. O 121c. v. 2 ff. (Blancheflor): Dist la reine: »trop avez le cuer fier. En vostre ostel vos alez aaisier G'irai au roi parler et conseillier De cest affaire vos cuid ge bien aidier.« — Mort de Gar. v. 969 ff. (Blancheflour): Et dit la dame: »Bien faites biax cosins; Chargerai vos chevaliers quatre-vint, Or et argent por lor cors garantir.« — Girb. d. M. Hs. O 122c. v. 12/13: Et la reine li dona grant avoir .III. mul chargiez d'or fin arrabiois.

408) Mort de Gar. 1465/66 (Blancheflour): »Des fils Fromont i avons quatre ocis.« »Voir«, dit la dame, »ce me doit abelir.«

409) Raoul de C. p. 205, v. 17/18 (Aalais): Devant li garde, si vit gesir Gautier. De duel se pasme sans plus de l'atargier.

410) Girbert de M. p. 469, 14/15 (Blancheflour): Dist la roïne: »Molt grant damage a ci, Del tot en tot decroissent notre amin.« — Mort de Gar. v. 1749 ff. (Blancheflor): Et la réine met le vair et le griz, D'or et d'argent tait les males emplir: Si lor charja de chevaliers septvint A beles armes et a chevax de priz.

411) Raoul de C. p. 149, v. 6 ff: Dame Alaïs corut aparillier Chemise et braies, et esperons d'or mier, Et riche ermine de paile de quartier.

412) Mort de Gar. v. 352 ff. (Blancheflor): Dist la roïne: »Bien puissent-il venir, De ma partie aura dras de samit, Les beles armes et les destriers de priz, Ce je donrai à Girbert mon cosin. Bien gart li rois qu'il faira endroit li.« — ib. v. 1762 ff. (Blancheflor): Dist la réine à son seignor Pepin: »Por l'amor Deu, amez ces orfelins, De nostre char sont estrait et norri; Por estrange home ne lor devez faillir.«

413) Alesch v. 3161/62 (Aaliz): Le pié li a et la jambe embracie: »Merci, biaus oncles, por Deu le fil Marie. Vez-ci mon cors, fai en ta commandie: Se il te plest la teste aie tranchie.« — Auberon v. 347/48 (Tochter des Königs): »Vo niece sui, mes cuers tant de vous sent, Que faire doi vostre conseillement.«

Heidin nur, wie so oft, übt an ihm Verrath[414]). Der Vater des Gatten geniesst dieselbe Zuneigung der Frau[415]). Stiefverwandte werden nicht geliebt, vielmehr gehasst und betrogen. Aber auch hier kommen nur heidnische Frauen in Betracht, die dem Stiefbruder oder Stiefsohn, der sich ihren Liebesplänen widersetzt, Verderben bereiten[416]).

VII. Die Frau in ihrem Verhältniss zu Fremden, Höherstehenden oder Untergebenen.

Auch fremden Rittern, die als Gäste erscheinen, wird von der Dame des Hauses eine gewisse Zärtlichkeit beim Empfang und Abschied zu Theil[417]). Freunde des Gatten erfahren diese in höherem Grade; sie werden geliebkost, geehrt, beschenkt[418]). In allen Verhältnissen aber ist das Benehmen der Frau gegenüber ihr nicht Verwandten oder Befreundeten ein ganz unbefangenes, durchaus nicht schüchternes, auch das der Jungfrau[419]). Die Heidin geht darin so weit, sich ohne jede Scheu Angesichts

---

414) Foulque de C. p. 31, v. 25/26 (Anfélise): »Après ferai toutes vos volontés.« Ce dist de boche: aillors iert ses pensés.

415) Alesch v. 4608 Aymeri, *der Vater des* Guilaume d'Orenge: Tote nuit fu de Guiborc tastonez.

416) Foulque de C. p. 21/25 (Anfelise): »Ha las! pechierre! com set femme engignier!« — Prise d'Or. v. 1240/41 (Guiborc): »Ne n'estoit ore por cez autres barons, Ge vos dorroie sor le nés de mon poing.«

417) Aiol v. 2050/51 (Lusiane): «Ma dame est veve feme, n'a pas signor, Mais servir vos fera par grant amor.«—Gaufr. v. 7798 ff. (Esglentine): Quant la dame entent que il ne demourra, Sachiés que en son cuer durement l'an pesa, Et non pas pour itant .I. anel li donna.

418) Ren. de Mont. p. 309,38 f. (Clarisse): Mult fu grande la joie quant il i sunt entré; La dame vait Maugis baisier et acoler.« — Amis et Am. v. 2761/62 (Belissans): »Voz et mes sires estiiez compaignon, Ne gerrez mais en lit s'avec noz non.« — Rol. v. 635 ff. (Bramimunde): »Jo vos aim mult, sire;« dist ele al cunte »Car mult vos priset mi sire et tuit si hume. A vostre feme envoierai dous nusches.«

419) Doon de M. v. 3669 ff. (Nicoleite): Et quant ele l'oy, chele part est alée Comme chele qui fu de bien endoctrinée L'uis ouvri vistement sans plus de demourée; Et il entre laiens, si l'a bel saluée Et chele li aussi, qui n'est pas esgarée.

der ganzen Ritterschaft entkleiden und taufen zu lassen[420]). Harmlos verkehrt die Frau mit fremden Männern und weiss sie mit kluger Rede ihren Zwecken zuzuwenden, überlistet sie immer[421]). Feinden tritt sie drohend und handelnd unerschrocken entgegen[422]). Wird sie überfallen, so weiss sie auch ohne männliche Hülfe sich zu vertheidigen und ihre Ehre zu retten[423]). Die Fürstin nimmt gegenüber ihren Rittern und Bürgern eine durchaus gebietende Stellung ein[424]): sie beruft dieselben zur Versammlung, trägt ihnen in einer Ansprache ihre Ansichten vor und gewinnt sie rasch dafür[425]). Kühn und abweisend verhandelt sie mit feindlichen Gesandten[426]).

---

420) Foulque de C. p. 133,26/27. (Ganite etc.): Devant tout le barnage les firent despoillier Eles furent plus blanches que n'est fleur d'ayglentier. — Gaufr. v. 9152 ff. (Flordespine): Adonc s'est desvestue la bele o le chief blon; En la cuve l'ont mise li nobile baron. La char avoit plus blanche que n'est noif ne coton.

421) Hug. Cap. v. 436 f. (Tochter des Sauvaige): »Sire, ce dist la belle, se Dieu me faist aidance. Je sui fille d'un conte qui tient noble tenance.« — Bueves de C. v. 3658/59: Chascune des puceles un des barons pria, El paveillon entrerent. — Fierabr. v. 2124 ff. (Floripas): »Par mon chief, dist la bele, moult savés bien gaber, Je ne sai cui vous estes, car ne vous puis viser Mais je quit c'as puceles savés moult bien juer.« — Chev. Og. v. 2658 ff. (Gloriande): Donques enmainne le bon Danois Ogier, Et Gloriande qui par le doit le tient, Dedens l'oreille li prist à conseiller: »Or i parra nobiles chevaliers, Con serés preus por mon ami aidier.«

422) Girb. d. M. Hs. N 125e v. 34 ff. (Blancheflor): Et la roine vint du mostier d'orer Ou voit Fromont sel prist a ramponer: »Par dieu parjure vostre jor sont finé.« — Mort de Gar. v. 2159 ff. (Blancheflour): »Fil a putain tant par fustes hardis, Quant devant moi vos osastes venir. Bien saviez vos que il sont mi cosin: Ja Deu ne place que en puissies joïr, Ainzois soiez detranchiés et ocis!« — Girb. de M. Rom. Stud. IV. p. 516, v. 16/17 (Blancheflour): Hausse le poing, cel fiert enmi le vis Si que le sanc en fist aus piés chaïr.

423) Gayd. v. 9605 ff. (Claresme): Elle saisist une pierre à bandon En sa main destre la lieve contremont, Parmi le chief en feri l'un garson. cf. Aiol v. 6353 (Mirabiaus): Ele estent les .II. puins, par le barbe le sache.

424) Elie de S. G. v. 1684 ff. (Rosamonde): U qu'il voit le baron sel reconnut assés. »Cuiver«, dist la puchele, »c'avés vous en pensé, Qui entrés en ma cambre sans congiet demander. Près va je ne te fac tous les menbres coper, U ferir u bien batre u loier a .I. pel.«

425) cf. Hug. Cap. v. 751 ff. (Blancheflour).

426) Hug. Cap. v. 2355/56 (Blancheflour): »Par me foi, messaigiers, dist le roïne coye, Le requeste Fedri n'est point drois que je l'otrie.« cf. Anm. 390.

Die edle Dame ist ihren Gespielen und Dienerinnen, wenn sie ihr gehorchen, mehr Freundin als Herrin[427]). Sie sorgt namentlich für ihre Verheirathung[428]), benutzt sie aber auch für ihre Liebespläne[429]) und masst sich sogar ein Verfügungsrecht über ihre Mädchenehre an[430]). Aber auch Männer werden zu Liebesboten erkoren, als solche mit besonderer Gunst behandelt[431]), reich belohnt[432]). Die Heidenfürstin besitzt gewöhnlich einen vertrauten Kämmerer oder Sklaven, der ihren Verkehr mit dem Geliebten vermittelt[433]) und für den Erfolg den Ritterschlag erhält[434]). Für alle ihr geleisteten treuen Dienste ist die edle Frau durchaus dankbar, namentlich dem Retter ihrer

---

427) Chans. d. S. I. p. 183, v. 3 ff.: »Helissant, dist Sebile, amer doit par raison Li fiz au duc Tierri la fille au duc Milon; De vos et de Berart est l'amors de saison; Et je et Baudoins ravons droite achoison: Nos .II. somes compaignes, et il sont compaignon.«

428) Foulque de C. p. 117,1 ff. (Ganite): »Onc a preudome n'avés éu mestier: Quant en ma chanbre venistes devant yer, Or vous ai mise en pris pour donnoier Les .II. barons dont ge vous oy pledier.« — Berte a. gr. p. v. 194 ff. (Berte): »Aliste, se je puis, très bien marierai.«

329) Aub. p. 45,11 ff. (Frau des Baudouin): Une pucele fait a li conseillier: »Va tost«, fait ele, »por Auberi le fier Qu'il vaigne a moi laiens en cel vergier.«

430) Girb. de M. Rom. Stud. IV. p. 521 v. 18 ff. (Blancheflour): »Pucelles ai en mes chanbres gentis Filles a princes et a contes marchis, Je vos otroi le baisier a delis Et l'acolleir et l'autre chouse ausi.« — Fierabr. v. 3916 ff. (Floripas): »Chaiens a .V. pucieles de moult grant signourie: Je ne sai plus que dire, cascune praigne s'amie.«

431) Raoul de C. p. 235 v. 18 (Tochter des Géri): La dame l'oit, le mès cort enbracier. — Foulque de C. p. 106,5: Ganite se dreça contre le mesagier: Dejouste soi l'assist; quar il l'avoit molt chier.« — Aub. p. 48,17 ff. (Frau des Baudoin): Et la contesse ne s'asseura mie, Ele l'acole et prie qu'il li die Qu' Auberis fait à la chiere hardie.«

432) Elie de S G. v. 2098/99: »Par foi, dist Rosamonde, tel proeche avés faite Dont vous serés mout riches, ains que viegne li vespre.«

433) Bueves de C. v. 3678 ff. (Malatrie): Malatrie la gente tantost li demanda: »Veïstes vous Gerart ne la gent de delà?« »Oïl, dame«, fait il, vous les averés jà.« — Foulque de C. p. 103,11 ff. (Ganite): Amis dist la pucele, à moi en entendés. Je veuil que cest conseil par vos me soit celés. Issiez hors d'Arrabloi, que n'i soiés visés.«

434) cf. Foulque de C. p. 138,13 f. — Gaufr. v. 9166/67 ff: Et puis on baptisié le bon vassas Lion: Le bon duc de Bretaigne li a donné son nom.

Ehre[435]). Fremdlingen, die um ihren Schutz flehen, gewährt sie ihn mit eigener Gefahr[436]): mit Pilgern und Dürftigen hat sie Mitleid[437]). Für ihre Freunde tritt sie selbst als Geissel beim Rechtfertigungskampf ein[438]): sie pflegt und heilt dieselben, wenn sie verwundet werden[439]).

Gegen Vasallen und Untergebene ist die Fürstin wohl freigebig und herablassend[440]), aber sie verlangt unbedingten Gehorsam und ahndet das Gegentheil mit dem Tode[441]). Dienende Mädchen sind denn auch der Gebieterin fast immer ganz ergeben, halten zu ihr in der Noth, trösten sie[442]), begeben sich für sie in Ge-

---

435) Chev. Og. v. 13020 ff. (Tochter des Angart): »De grant hontage as mon cors desfendu, Et delivrés des païens et des Turs: Tote sui vostre, q'an diroie-je plus?«

436) Aub. p. 175,18 ff. (Mahaut): »Chist chastiax est moult fors, si t'i desfent: Aiderai vos de fin cuer loiaument.«

437) Aye d'Av. v. 2434 ff. (Aye): »Par bonne charité anuit mais demourois, Et le matin au jor aler vous en porrois, S'en parterez du nostre, qu'il est raison et drois.« — Gar. Loh. II. p. 78, 16/17: Un denier d'or donna au pelerin, Autre l'en donne la franche Biatris.

438) Amis et Am. v. 797 ff. (Die Königin): »Sire, dist elle, mal feriez et pechié. Se il voz plaist, le franc conte laissiez. Mes cors meïsmez le voldra ostaigier.« — Gar. Loh. II. p. 28 v. 2/3 (Blancheflor): En piés se lievent de chevaliers set vint Por ostagier, misme l'empereris. cf. Schulz II. p. 137 *hat die Verbürgung der Damen bei gerichtlichen Zweikämpfen nicht erwähnt.*

439) Gar. Loh. I. p. 47,15 ff. (Blancheflor): Begues remaint en la cit de Paris Que il n'est pas respassés et garis; Et la roïne se peine del servir.

440) Raoul de C. p. 15 v. 19/20 (Alaïs): Après mengier la dame o le cler vis A plenté done as barons vair et gris. — Gaufr. v. 7076 ff. (Flordespine): Lionnet apela, où moult se pot fier. »Amis, chen dist la bele, pour Dieu le droiturier, Comment le fet Doon, il et Garins le fier?«

441) ib. v. 1856 ff. (Flordespine): La pucele li signe, si que Lion l'entent, Derrier Huré se met, par la jambe le prent, Dedens la chartre aval le trebucha à tant. — cf. Fierabr. v. 2080 ff. (Floripas): »Par foi, fait ele, glous, bien savés sermoner; Ancui vous en ferrai vostre loier donner. Li bains est sur le fu que je vous fac caufer.« (*Sie erschlägt selbst den unbotmässigen Diener. Ihre ungehorsame Erzieherin lässt sie in's Meer stürzen.* cf. ib. v. 2189 ff.

442) Chans. d. S. II. p. 85,22 ff. (Helissens): »Quant vos serez an fonz sacrée et benéie, Dex sera avec vos qi tot le siegle guie; Donques seront les noces et la joie establie.«

fahr[443]), sind sogar bereit auf ihr Geheiss ihre Ehre zu opfern[444]). Höher an Rang stehenden, einflussreichen Rittern und Fürsten beweisst auch die vornehme Dame die grösste Demuth, vor allem dem Kaiser[445]), ebenso Personen, denen sie Dank schuldet[446]) oder deren Hülfe sie anfleht[447]). Den Priestern wird von fast allen Frauen Vertrauen und Gehorsam entgegen gebracht[448]).

---

443) Aub. p. 71,4 ff. (Frau des Baudoin): »Vestés ma robe, qui tot est d'or listée En vostre chief soit ma guimple posée. — Dame, dist cele, si soit com vos agrée.«

444) Gayd. v. 8934 ff. (Claresme): Une pucele en prist à apeler: »Alez, fait elle, au chevalier armé Qui là fors est, soz cel aubre ramé. Et se li dites que l'avez enamé.« Elle s'en torne, n'i a plus demorée.

445) Foulque de C. p. 147,3 ff. (Ganite, Ayglente, Amanevie): Celes li vont besier la jambe et le giron; Mès li rois les rassiet sus le poile frison. — Chans. d. S. II. p. 87,14/15 (Sebile vor Kaiser Karl): Dau palefroi descent, ançois qu'il la requiere; La jambe li ambrace sanz nesune proiere. -- ib. p. 103,16/17: La roïne Sebile de ci au p(l)ié l'an plie; Ja li éust baisié, mais il nel sofrist mie. — Rol. v. 2825 (Bramimunde): Chet li as piez li amiralz la reçut.

446) Floov. v. 192 ff. (Die Königin): Saisi lou por la rene et puis por son espié, Et si li a baisie les esperons des piez. »Merci, fait il, baus sire, por Deu lou droiturier! Que de mon fiz vos prange et marci et pitié.«

447) Gar. Loh. l. p. 208,6 ff. (Frau des Huedon): Begon salue et le duc Auberi, A lor piés chiet et lor crie merci.

448) Mort. de Gar. v. 4288 ff. (Blancheflour): »Parlez à moi, fait-ele, Biax cosins. Et à l'evesque qui molt est vos amis.« — cf. Gaufr v. 7186 ff. (Flordespine). — Mac. v. 594/95 (Blancheflour): Dist la roïne: »Vos en dirai verté; Dex me confonde, se je di fauseté.« — cf. Parise la D. v. 660 ff. *Eine auffällige Ausnahme findet sich*: Amis et Am. v. 2136 ff. (Lubias): »N'i a evesque, ne face mon talent, Nus hom n'i a par maistrie noient. Laissiez la croce que je la voz deffenz.«

Liste der benutzten Texte*).

1) Das altfranzösische Rolandslied, Abdruck von E. Stengel. Heilbronn 1878. (Rol.)

2) La Chanson des Saxons, p. p. Francisque Michel. 2 Bnde. Paris 1839 (Chans. d. S. I. u. II.)

3) Renaud de Montauban, ed. Michelant. Stuttg. Litt. Verein. 1862. (Ren. de Mont.)

4) Guillaume d'Orange, p. p. Jonckbloet. La Haye 1854. Enthält:
   a) Li Coronemens Looys (Coron. L.).
   b) Li Charrois de Nymes (Charr. de N.).
   c) La Prise d'Orange (Prise d'Or).
   d) Li Covenans Vivien (Cov. Viv.).
   e) La Bataille d'Aleschans (Alesch.).

5) La Chevalerie Ogier p. Raimbert de Paris p. p. Barrois. 2 Bnde. Paris 1842. (Chev. Og.)

6) Aiol p. p. Jacques Normand et Gaston Raynaud. Soc. d. anc. textes 1877. (Aiol).

7) Elie de Saint Gille, p. p. Gaston Raynaud. Soc. d. anc. textes 1879. (Elie de S. G.)

8) Li Romans de Raoul de Cambrai. p. p. Edward le Glay. Paris 1840. (Raoul de C.)

9) Anciens poètes de la France, p. sous la direction de F. Guéssard. Paris, Vieweg 1859 ff:
   a) Aye d'Avignon (Aye d'Av.).
   b) Doon de Mayence (Doon de M.).
   c) Gui de Nanteuil (Gui de N.).
   d) Gui de Bourgogne (Gui de B.).
   e) Fierabras (Fierabr.).
   f) Huon de Bordeaux (Huon de B.).
   g) Gaydon (Gayd.).
   h) Otinel (Ot.).
   i) Macaire (Mac.).
   k) Floovant (Floov.).
   l) Gaufrey (Gaufr.).
   m) Hugues Capet (Hug. Cap.).
   n) Parise la Duchesse (Parise la D.).

10) Berte aus grans pies, p. p. Aug. Scheler. Bruxelles 1876 (Berte a. gr. p.).

---

*) Nach den beigedruckten Abkürzungen sind die Gedichte in der Abhandlung bezeichnet.

11) Bueves de Commarchis, p. p. Aug. Scheler. Brux. 1874. (Bueves de C.)

12) Le voyage de Charlemagne à Jérusalem et à Constantinople. ed. Koschwitz. Heilbronn 1880. (Karls R.).

13) Amis et Amiles und Jourdains de Blaives. ed. Konrad Hofmann. Erlangen 1882. (Amis et Am.).

14) Le Roman de Foulque de Candie par Herbert le Duc de Dammartin p. p. P. Tarbé. Reims 1860. (Foulque de C.).

15) La prise de Pampelune in: Altfr. Gedichte ed. Adolf Mussafia. Wien 1864. (Prise de P.).

16) Auberon in: J complimenti della Ch. d'Huon de Bordeaux p. da A. Graf. Halle 1878. (Auberon).

17) Gerard de Rossillon p. p. F. Michel (Gerard de R.).

18) Reine Sibile, Fragment abgedr. von Guessard zu Macaire, (Reine Sib.).

19) Auberis li Borgoins ed. Tobler in Mittheilungen aus altfr. Handschriften I. (Aub.).

20) Garin le Loherain ed. Paulin Paris 2 Bnde. (Gar. Loh. I. II.).

21) Mort de Garin le Loh. ed. Ed. du Méril. (Mort de Gar.).

22) Girbert de Metz. ed. Stengel in Romanische Studien I. (Girb. de M.).

23) Die Handschriften O und N der Lothringer. (Girb. d. M. Hs. O u. Girb. de M. Hs. N). Ebenso ist Anm. 4, 62, 97, 186 zu lesen st.: Gar. Loh. O, Gar. Loh. N u. Anm. 65, 66, 69, 71 st.: Loh. Hs. N, Loh. Hs. O.

24) Die Handschrift des Garin de Monglane f. fr. 24,403, (Gar. de M.).

25) Die Handschrift des Siège de Barbastre. (Brit. Mus. 20 B. IIX (Siège de B.).

26) Hervis de Mes citirt nach der Analyse in der Dissertation von Hub, Marb. 1879. (Hervis, Hub).

27) Syracon, Fragment, mitgeth. in Roman. Studien I. S. 400. f. (Syr.).

Bessere: Anm. 61 Z. 2: »Sel velt« st. »Se lvelt«. Anm. 78, 140, 152, 214 »(Heluls)« st. »Helvis«.

INDEX.

Aalais, Raoul de C. 70. 72. 252. 258. 343. 355. 356. 358. 374 375. 376. 402. 405. 409. 411. 440.
Aaliz, Alesch. 43. 81. 413.
Aelis, Mort de Gar. 60. 216. 257. 358.
Aeliz v. Aelis.
Aiglente, Berte a. gr. p. 16.
Alaïs v. Aalaïs.
Alde, Rol. 2. 61. 79.
Aliste, Berte as gr. p. 395.
Amanevie, Foulque de C. 445.
Anfélise, Foulque de C. 3. 20. 25. 35. 73. 77. 82. 85. 165. 176. 218. 255. 414. 416.
Angart, Tochter des, Chev. Og. 21. 25. 435.
Anseïs, Frau des, Girb. de M. 122. 298. 299.
Anseïs, Tochter des, Girb. de M. 92. 97. 122. 124. 162. 216.
Audegons, Mort de Gar. 2. 367. 375. — Girb. de M. 342.
Avisse, Aiol 237. 238. 350. 352. 364.
Aye, Aye d'Av. 19. 32. 181. 232. 239. 254. 258. 260. 261. 339. 357. 365. 371. 437. — Ren. de Mont. 348. 365. 366.
Ayelis, Hervis de M. 369.
Ayglente, Foulque de C. 113. 445.
Ayglentine, Gui de N. 99. 106. 115. 153. 155. 156. 165. 175. 181. 191. 197. 211. 212. 216. 221.

Baudouin, Frau des, Aub. 6. 106. 159. 194. 196. 301. 302. 304. 306. 309. 429. 443.
Beatris, Bueves de C. 338. — Chev. Og. 46. 81. 134.
Beatrix v. Beatris.

Belisent, Ot. 20. 49. 144. 145. — Amis et Am. 50. 89. 101. 109. 116. 170. 399. 418.
Belissans, Belissant, Belissent, Belyssans, Belyssant v. Belisent.
Berte, Berte as gr. p. 2. 24. 27. 39. 40. 41. 189. 384.
Beuves, Frau des, Ren. de M. 252. 267. 287.
Biatris, Gar. Loh. 216. 230. 235. 252. 253. 269. 322. 329. 330. 332. 373. — Mort de Gar. 15. 60. 258. 358.
Biatrix, Biatriz v. Biatris.
Blancheflor, Gar. Loh. 33. 130. 404. 438. 439. — Mort de Gar. 26. 84. 225. 227. 229. 272 283. 285. 287. 296. 298. 313. 315. 320. 321. 335. 402. 403. 406. 407. 408. 410. 412. 422. 448. — Girb. de M. 26. 223. 278. 279. 283. 288. 297. 402. 404. 407. 410. 422. 430. 431. — Mac. 3. 32. 223. 448. — Amis et Am. 51. — Alesch. 61. — Berte as gr. p. 378. 379. 381. 383. 384 385. — Hug. Cap. 386. 388. 391. 392. 425. 426.
Blancheflors, Blancheflour, v. Blancheflor.
Bramimunde, Rol. 2. 268. 445.
Brunehaus, Auberon 1. 38. 328.
Brunehaut v. Brunehaus.

Claresme, Gayd. 3. 92. 115. 138. 153. 156. 176. 181. 190. 342. 423. 444.
Clarisse, Ren. de Mont. 16. 61. 75. 268. 331. 418.

Eglantine, Eglentine v. Ayglentine.

Eremborn, Jourd. de Bl. 2. 11. 236.
238. 265. 271. 272. 274. 267. 335.
400. 401.
Ermengars, Bueves de C. 2. 276. 353.
354. 363. — Siège de. B. 277.
Ermengart v. Ermengars.
Esclarmonde, Huon de B. 3. 50. 57.
77. 87. 90. 93. 95. 96. 131. 151. 165.
206. 240 244. 247. 321.
Esglentine, Doon de M. 3. — Gaufr. 282.
Esmeraude, Aiol 209. 281. 282. 287.
289. 315. 316. 362.

Faussette, Foulque de C. 3.
Flandrine, Gaufr. 3. 7. 329. 361. 364.
— Doon de M. 86. 114. 205. 234.
— Bueves de C. 176. 183.
Flandrineite v. Flandrine.
Flordespine, Gaufr. 3. 6. 25. 30. 31.
32. 53. 56. 59. 77. 78. 109. 114.
156. 420. 440. 441. 448.
Florete v. Florote.
Floripas, Fierabr. 12. 53. 54. 55. 58.
77. 96. 97. 98. 103. 105. 107. 114.
116. 139. 142. 148. 169. 175. 211.
421. 430. 441.
Florote, Floov. 49. 77. 91. 110. 117. 119.
121. 127. 129. 166. 192.
Fouchier, Tochter des, 159.

Ganite, Foulque de C. 33. 83. 86. 114.
420. 428. 433. 445.
Garin, Frau des, Huon de B. 332.
Gaudiscete, Jourd. de Bl. 42.
Gerard, Frau des, Gerard de R. 236.
Geri, Tochter des, Raoul de C. 49.
80. 82. 87. 90. 92. 97. 98. 102. 106.
110. 113. 137. 140. 141. 218. 239.
241. 244. 247. 266. 345. 346. 350. 431.
Gloriande, Chev. Og. 3. 5. 35. 47. 61.
72. 77. 156. 421.
Grifon, Frau des, Gaufr. 29. 225. 313.
320.
Guiborc, Guillaume d'Orenge. 2. 67.
68. 69. 231. 232. 262. 270. 271. 273.
275. 327. 332. 415. 416. — Foulque
de C. 13. — Aub. 100. 123. 133. 198.
269. 303. 305. 307. 310. 337. 396.
397.
Guibors, Guibourt v. Guiborc.

Helisend v. Helisens.

Helisens, Gar. Loh. 208. 210. 259.
— Girb. de M. 375. — Chans. d. S.
112. 196. 427. 442. — Doon de M.
282. 283. 286. 389. 390
Helissant, Helissanz v. Helisens.
Heloïs, Gar. Loh. 66. — Girb. de M. 407.
Heluïs, Raoul de C. 78. 140. 152. 214.
Hermenjart, Alesch. 372.
Hermesent, Aub. 2.
Hersent, Aiol 2.
Hertans, Frau des, Gayd. 284. 287.
315. 347. — Aiol 355.
Hue, Frau des, Foulque de C. 351.
Huedes, Frau des, Gar. Loh. 264. 447.
— Aub. 287.
Huedon v. Huedes.

Kaiserin, die, Mac. 380.
Königin, die, Karls R. 229. — Girb.
de M. 297. 316. — Gar. de M. 300.
301. — Floov. 368. 371. 446. — Amis
et Am. 438.
Königstochter, die, Auberon 210. 413.
— Karls R. 47. 48.

Lubias, Amis et Am. 250. 251. 280.
290. 291. 292. 293. 317. 448.
Ludie, Girb. de M. 28. 62. 65. 66. 69.
71. 209. 244.
Lusiane, Aiol 13. 14. 89. 121. 127. 128.
185. 201. 218. 417.

Madoines, Frau des, Foulque de C.
295. 311.
Mahaut, Aub. 287. 436.
Malatrie, Bueves de C. 3. 50. 77. 81.
84. 85. 105. 113. 144. 433. — Siège
de B. 85. 97. 108. 133.
Mandagloire, Gaufr. 219.
Marcens v. Marsent.
Margiste, Berte a. gr. p. 393.
Marguerite, Doon de M. 245. 248. 347.
362. 374.
Marie, Hug. Cap. 44. 249.
Marsent, Raoul de C. 343. 350.
Matalie, Syr. 250.
Maugalie, Floov. 3. 45. 77. 94. 97.
101. 117. 119. 206.
Mirabel, Aiol 22. 37. 52. 70. 146.
151. 180. 198. 233. 236. 394. 423.
Mirabiaus v. Mirabel.

Nicoleite, Doon de M. 76. 79. 136. 143. 149. 419.

Orable, Prise d'Or. 131. 311.
Oriabel, Jourd. de Bl. 113. 132. 135. 206. 224. 235. 240. 242. 243. 246. 335. 382. 385.
Oriabiax v. Oriabel.

Parise, Parise la D. 7. 8. 9. 205. 226. 228. 229. 324. 325. 344. 345. 346. 350. 364.
Passe-Rose, Gaufr. 3. 110. 111. 114.
Pipin, Mutter des, Berte as gr. p. 363.

Raiborghe, Aiol 2.
Raimon, Tochter des, Girb. de M. 209.
Raoul, Schwester des, Raoul de C. 70.
Rissendine de Frise, Chans. des S. 26.

Rosamonde, Elie de S. G. 29. 32. 49. 53. 64. 72. 80. 102 424.

Sauvaige, Tochter des, Hug. Cap. 421.
Sebile, Chans des S. 5. 104. 174. 177. 193. 196. 254. 256. 261. 270. 299. 300. 305. 306. 308. 310. 311. 323. 427. 445.
Seguin, Wittwe des, Huon de B. 350.
Seneheus, Aub. 70. 125. 157. 398.
Soramonde, Hug. Cap. 348.
Susanne, Doon de M. 71.

Tieri, Tochter des, Aiol 110. 117. 205.
Tierri, Frau des, Chans. des S. 359. 360.

Ysabiaus, Aiol 387.
Yvorin, Tochter des, Huon de B. 31. 106.

Ausgaben und Abhandlungen aus dem Gebiete der Romanischen Philologie,
veröffentlicht von Edmund Stengel.

Früher erschienen:

V. Peire Cardenals Strophenbau in seinem Verhältniss zu dem anderer Trobadors nebst einem Anhang enthaltend: Alphabetisches Verzeichniss sämmtlicher in der provenzalischen Lyrik nachweisbaren Strophenformen von F. W. Maus. M. 3. —

VI. Der Infinitiv im Provenzalischen nach den Reimen der Trobadors von A. Fischer. M. 1. 20.

VIII. Das anglonormannische Lied vom wackern Ritter Horn. Genauer Abdruck der Cambridger, Oxforder und Londoner Hs. besorgt von R. Brede und E. Stengel. M. 6. —

IX. Gebete und Anrufungen in den altfranzösischen Chansons de Geste von J. Altona. M. 1. —

X. Sprachliche Untersuchung der Reime Bernarts von Ventadorn. Von R. Hofmeister. M. 1. 20.

XI. Die ältesten französischen Sprachdenkmäler. Genauer Abdruck und Bibliographie besorgt von E. Stengel. Inhalt: 1. Die Strassburger Eide. 2. Das Eulalialied. 3. Das Bruchstück von Valenciennes. 4. Die Clermonter Passion Christi. 5. Das Leben des heil. Leodegar. 6. Sponsus. M. — 60.

XIII. Die syntactische Behandlung des zehnsilbigen Verses im Alexius- und Rolandsliede von O. Reissert. M. 2. 40.

XIV. Über den regelmässigen Wechsel männlicher und weiblicher Reime in der französ. Dichtung von M. Banner. M. 1. —

XV. Über die Entstehung und die Dichter der Chanson de la Croisade contre les Albigeois von L. Kraack. M. 1. 20.

XVI. Die Nominalflexion im Provenz. von Th. Loos. M. 1. 20.

XVII. Untersuchungen über A. Schelers Trouvères belges (lyrische Abtheilung) von J. Spies. M. 1. 20.

XIX. Die anglonormannische Brandanlegende in metrischer und sprachlicher Hinsicht untersucht von R. Birkenhof. M. 2. —

XX. Die Geste des Loherains in der Prosabearbeitung der Arsenal-Handschrift von Alfred Feist. M 1. 20.

XXI. Durmars in seinem Verh. zu Meraugis und den Werken Chrestiens von L. Kirchrath. M. 1. 50.

XXII. Die Bilder und Vergleiche in Pulci's Morgante von R. Halfmann. M. 2. —

Ausgaben und Abhandlungen
aus dem Gebiete der Romanischen Philologie.
veröffentlicht von Edmund Stengel.

Demnächst erscheinen:

VII. Die Dichtungen des Mönches von Montaudon von O. Klein

XII. Die provenzalische Gestaltung der vom Perfectstamm gebildeten Tempora des Lateinischen. Nach den Reimen der Trobadors von Karl Meyer.

Im Druck sind ferner:

Maitre Elies altfranzösische Bearbeitung der Ars amatoria des Ovid von H. Kühne.

Ueber die Theile in welche die Lothringer Geste sich zerlegen lässt von E. Heuser.

Das altfranzösische Rondel in den Mysterien und Mirakelspielen des XIV. und XV. Jahrhunderts nach seiner Form und Anwendung von L. Müller.

Adam de la Hale's Dramen und das »Jus du pelerin« von E. Bahlsen.

Die Sprichwörter der altfranzösischen Karlsepen von E. Ebert

L'Orlando, die Quelle zu Pulci's Morgante herausgegeben von J. Hübscher.

Die Hss. des altfranzösischen Partonopeus von E. Pfeiffer.

(In Vorbereitung.)

Untersuchungen über die Thiere, den Verräther, Bürger und Bauern, den Clerus, Tod und Tödten, Träume, tägliche Lebensgewohnheiten, Waffen und Bilder in den altfranzösischen Epen, in den Dichtungen der Trobadors, Bojardo's und Ariosto's, über den Stil von Guillaume de Lorris, Jean de Meung und Rutebeuf, über die Sprache Flamenca's, der Miracles de S. Eloi und de N. D. de Chartres, über die provenz. Verbalflexion auf Grund der Reime, über Aye d'Avignon, die Lothringer, Garin de Monglane, die Histoire de la Guerre de Navarre, die Verfasser der Miracles de Notre-Dame par personnages, das Mystère du Siège d'Orléans, die Tenzonen bei den Trobadors, über Hiat und Elision, sowie über die Anlehnung im Provenzalischen etc. etc.